Brigitte Wilmes-Mielenhausen

Kleinkinder in ihrer Kreativität fördern

Ideen für Krippe, Kita und Tagesmütter

Brigitte Wilmes-Mielenhausen

Kleinkinder in ihrer Kreativität fördern

Ideen für Krippe, Kita und Tagesmütter

FREIBURG · BASEL · WIEN

Inhalt

1. Spielen mit den Kleinsten 6
- Eckpunkte der Krippenpädagogik heute 6
- Die Rolle der Erzieherin bei den Kleinsten 7
- Was diese Buchreihe möchte und wie Sie damit arbeiten können 7

2. Förderschwerpunkt Kreativität 9
- Warum Kreativität wichtig ist 9
- Wie Sie kreative Räume in der Krippe gestalten können 10
- Das Verhalten der Erzieherin 11
- Wie sich das bildnerische Gestalten in den ersten 3 Lebensjahren entwickelt .. 12

3. Das kleine Rot, das kleine Gelb: Farb- und Malspiele 15
- Schmierfinger: Erste Erfahrungen mit Fingerfarben 15
- Erlebnisspiele mit Schaum und Seife 17
- Malermeister: Mit Pinsel und (Wasser-)Farbe 19
- Zauberkasten: Überraschungen aus dem Farbtopf 20

4. Kri-Kra-Kritzelspaß: Mit Stiften und Kreiden 25
- Stifte und Kreiden: Hauptsache handlich 25
- „Da kommt die Maus": Sprüche zu Kritzeleien 27
- Ich denk mir was! Kreative Effekte und Geschichten 30

5. Eins, zwei, ... Druckerei: Stempelspiele 32
- Mit Händen, Fingern und Füßen 32
- Schwämme, Korken – und was sonst noch stempelt 34
- „Simsalabim": Schnelle Effekte zum Staunen 35

6. Backe, backe Kuchen: Matschen und formen 37
- Spielen mit Knete und (Back-)Teig 37
- Tonwerkstatt für kleine Hände 40
- Sandspiele für drinnen und draußen 41
- Zum Anfassen: Fühl-Bilder 42

7. Schnipp-schnapp: Klebespaß mit allerlei Material 44
- Ritsch-ratsch: Papier reißen und knüllen 44
- Schnipp-schnapp: Mit der Schere unterwegs 45
- Klebebilder aus der Sammelkiste 46
- Die praktische Papierwerkstatt: Geschnipseltes zum Spielen und Schmücken . . 48

8. Stein auf Stein: Bauen und montieren 50
- Budenzauber für Baumeister 50
- Wer will fleißige Handwerker sehn? Hämmern und schrauben 51
- Garantiert selbst gemacht: Werkeleien zum Spielen 52

9. Fühlen und Staunen: Erlebnis-Spiele aus der Restekiste 56
- Auf und zu: Becher, Dosen und Flaschen 56
- Ideal für Pappenheimer: Papier, Pappe und Kartons 57
- Leicht und weich: Stoffe, Wolle und Watte 59
- Aus dem Nähkästchen: Knöpfe und mehr 62

10. Frühlingsduft und Wintertraum:
    Erfahrungsspiele zu jeder Jahreszeit 64
- Kommt der Frühling bald: Oster-Werkeln 64
- Erlebnisspiele rund um die Sommerwiese 66
- Der Herbst ist da: Spiele mit Früchten und Blättern 69
- Sonne, Mond und Sterne: Laternen und Lichter 73
- Winterspaß für Flockenkinder 75
- Werkeln für den Weihnachtsmann 77

Spielen mit den Kleinsten

Was tun wir mit den Kleinsten? Die Gruppe der 0–3 jährigen Kinder gerät zunehmend in den Fokus der Pädagogik. Diese Buchreihe wendet sich an Erzieherinnen, Tagesmütter und Spielgruppenleiterinnen, die bereits mit ganz kleinen Kindern arbeiten oder zukünftig arbeiten möchten.
Der Betreuungsbedarf für Kinder unter 3 Jahren wächst ständig (zum Teil bedingt durch die Berufstätigkeit der Mütter sowie die steigende Zahl allein erziehender Elternteile). Die Vereinbarkeit von Familie und Beruf ist für viele junge Eltern zunehmend an adäquate Betreuungsmöglichkeiten für Kinder unter 3 Jahren geknüpft. Das Angebot an Krippenplätzen für die Kleinsten liegt dabei noch immer deutlich unter Bedarf und Nachfrage.
Waren die Kleinsten bislang vorwiegend in Kinderkrippen untergebracht, die meist sog. „Kombi-Einrichtungen" (Tagesstätten mit Krippe, Kindergarten und Hort) angehörten, gehen neue Trends dahin, auch die sog. „Regelkindergärten" für Kinder unter 3 Jahren zu öffnen, gekoppelt an flexible Betreuungszeiten.

Eckpunkte der Krippenpädagogik heute

Leider wird die Betreuung der Kleinsten außerhalb der Familie immer noch als die zweitbeste Lösung angesehen. Traditionell gilt die Mutter (der Vater) als die ideale Bezugsperson.
Dabei kann die Kleinfamilie den Kindern längst nicht mehr allein das bieten, was sie für eine gesunde Entwicklung brauchen: Über die Hälfte der Kinder wächst ohne Geschwister auf. Beengte Wohnverhältnisse in Städten, eingeschränkte Spielräume, wenig Spielkameraden im Umfeld machen es notwendig, Defizite an sozialen Kontakten auszugleichen.
Um schon Kleinkindern Erfahrungen mit anderen Kindern zu ermöglichen, besuchen viele Mütter/Väter mit ihren Babys und Kleinkindern einmal wöchentlich Kurse nach dem „Prager-Eltern-Kind-Programm" (PEKiP) oder nehmen an „Eltern-Kind-Spielgruppen" („Mini-Clubs", Krabbelgruppen") teil. So wichtig diese Gruppen sind: In der Regel setzen sie sich altershomogen zusammen und bieten somit keine Erfahrungen zwischen unterschiedlichen Altersstufen.
Besuchen Kleinkinder dagegen eine Ganztagseinrichtung (Tagesstätte), so haben sie hier nicht nur eine tägliche Betreuung. Sie treffen sehr oft – anders als in „Eltern-Kind-Spielgruppen" – auf familienähnliche Strukturen: Dabei üben die Großen Rücksicht

und helfen den Kleinen, die Kleinen lernen von den Großen. Man findet die „kleine Altersmischung" (0–3 jährige Kinder in einer separaten Krippengruppe), aber zunehmend auch die „große Altersmischung" (0–6 Jahre) in einer Kindergartengruppe.
Die „große Altersmischung" in einer Gruppe erfordert viel Flexibilität und pädagogisches Geschick seitens der Erzieherin und eine gute personelle Besetzung, damit jede Altersgruppe in ihren Bedürfnissen angesprochen werden kann.

Die Rolle der Erzieherin bei den Kleinsten

Erzieherinnen, die mit Kleinkindern arbeiten, sollten sich darum bemühen, professionelle Konzepte zu erarbeiten. Niemals darf die Arbeit mit dieser Altersgruppe nur „irgendwie improvisiert" werden.
Kleinkinder brauchen viel Nähe, Zuwendung, Hautkontakt und eine verlässliche Bindung an die Erzieherin. Häufiger Wechsel der Bezugspersonen ist zu vermeiden. Wenn ein Kleinkind in eine Tageseinrichtung kommt, so muss es die erste längere Trennungserfahrung von den Eltern verarbeiten. Kinder, die unter der Trennung sehr leiden, können nicht entspannt und lustvoll spielen.
Kleinkinder sind darauf angewiesen, dass Erzieherinnen ihre Signale verstehen, ihre Bedürfnisse wahrnehmen und angemessen darauf reagieren.
Erzieherinnen sollten vor allem wissen, welche Entwicklungsschritte Kinder im Alter von 0–3 Jahren durchlaufen: Dies gilt besonders für die Bereiche Motorik, Wahrnehmung, Sprache, Denken und soziale Bindung.

Was diese Buchreihe möchte und wie Sie damit arbeiten können

- Zur Reihe gehören verschiedene Themen-Schwerpunkte: *Bewegung, (Sinnes)-Wahrnehmung, Sprache, kreative Materialerfahrung, Musik, Naturbegegnung.*
- Alle Bände der Reihe ergänzen sich wie Bausteine, bilden letztendlich ein „großes Bauwerk", denn kein Bereich kann isoliert betrachtet werden.
- Jeder Band enthält eine allgemeine *theoretische* Einführung. Dann geht es um das spezielle Förder-Thema (z. B. Kreativität).
  Dazu gehört auch die *Entwicklung* von Kindern in dem jeweiligen speziellen Förderbereich.
- Das Buch ist vor allem ein *Praxis-Buch*.

- Die Spielvorschläge orientieren sich an der Entwicklung der Kleinsten.
- Beobachten Sie die Kinder! Womit beschäftigen sie sich? Was können sie schon? Was können sie noch nicht? So sind Sie in der Lage, *das passende Spiel zur richtigen Zeit* anzuregen.
- Je nach Spielidee können Sie mit einem *einzelnen Kind, einer kleinen Gruppe* (ca. 4–6 Kinder) oder mit einer *größeren Gruppe* spielen. Es werden sowohl freie („Freispiel") als auch gelenkte *Spielaktionen* (gezielte „Beschäftigungen") berücksichtigt.
- Sie finden vor jedem Spiel Angaben zu:
  - *Alter/Entwicklungsstand*
  - *Mitspielern*
  - *Material*
  - *Ort/Raum* sowie
  - *Hinweise* (z. B. Förderziele, praktische Tipps zum pädagogischen Vorgehen …)
  Im *Anschluss* an die Spielbeschreibung finden Sie zudem:
  - *Variationen* (wie kann ich das Spiel situationsbezogen umgestalten?) und
  - *Groß und Klein zusammen* (Vorschläge, wie ältere Kinder mitspielen können)
- Falls nötig finden Sie auf einzelnen Seiten noch einen *Kasten* mit zusätzlichen Tipps und Hintergrundinformationen.
- Die Spiele sind für Babys/Kleinkinder *ab 6 Monaten* bis zu *3 Jahren* gedacht. Einzelne Spiele lassen sich auch mit Babys unter 6 Monaten spielen.

Förderschwerpunkt Kreativität

Warum Kreativität wichtig ist

Kreativität (von lat. „creare" = erschaffen, hervorbringen) bedeutet im übertragenen Sinne: schöpferischer Erfindungsgeist. Babys und Kleinkinder sind zunächst neugierig, spontan und originell, also in diesem Sinne kreativ, weil sie viele Dinge erstmalig tun und noch über wenig eingeübte Strategien verfügen. Erst im Laufe der weiteren Entwicklung, meist als Folge äußerer Einflüsse (z. B. Kritik, Konformitätsdruck), werden manche Kinder unsicher und vorsichtig und versuchen zu „gefallen", indem sie die Erwartungen der Erwachsenen erfüllen und vorgegebene Lösungen annehmen.
Kreativ können Kinder in unterschiedlichen Bereichen sein: beim Sprechen, Singen, Musikmachen, Bewegen, bildnerischen Gestalten. Im Spiel und aktiven Experimentieren mit unterschiedlichen Gegenständen und Materialien lernen schon die Kleinsten die Eigenschaften und Gesetze vieler Dinge in ihrer Umgebung kennen.
Erziehung in der Krippe sollte das Kleinkind in seiner naturgegebenen kreativen Neugier unterstützen. Nach dem Motto „Probieren geht über studieren" suchen Kinder von sich aus Anlässe und Materialien, die ihre Entwicklung unterstützen und vorantreiben. Viele Kinder haben zu Hause in ihren Kinderzimmern weder Stifte noch Fingerfarbe, weder Knete noch alltägliche Dinge zum Stöbern und Entdecken. Dafür gibt es oft jede Menge (technisches) Spielzeug.
Kinder können in Krippe und Kita erfahren, dass „weniger" „mehr" sein kann. Stöcke, Steine und Blätter aus dem Garten, Dosen und Kartons aus dem Vorratsschrank können vielseitiger sein als ferngesteuerte Autos oder Stofftiere mit Batteriebetrieb. Wenn Kleinkinder malen, formen und werkeln, verfolgen sie zunächst noch keine klaren Absichten und Ziele. So sind Kleckse und Kritzelstriche beim Malen anfangs Zufallsprodukte im Umgang mit Stiften und Farben. Aber bald schon möchten Kinder diese Spuren auf dem Papier immer wieder entstehen lassen und sie probieren und probieren, bis sie schließlich Erfolg haben.
Wenn Kinder sich mit allen Sinnen mit einem Material beschäftigen, es untersuchen und nach eigenem Willen (um)gestalten, wenn sie malen, formen und schnipseln, sind sie meist besonders entspannt und versunken in ihr Tun. Gefühle und Erlebnisse (auch unangenehme, belastende) können in das Material „fließen", sich im Gestaltungsprozess „entladen" und verarbeitet werden.
Lebendige Phantasie, Kreativität, divergentes Denken (ein Problem von verschiedenen Seiten angehen), lässt Gedanken fließen und fördert die Vernetzung der Gehirnzellen.

Kreativität macht Kinder lebenstüchtig, indem sie Probleme angehen, sich etwas zutrauen, nach (neuen) Lösungen suchen. Kreativität schenkt Glücksgefühle, Selbstwert, Lebensfreude.

Wie Sie kreative Räume in der Krippe gestalten können

Als wichtigste Elemente bei der Gestaltung kreativer Räume erweisen sich flexible Möbel und sichtbare, offen zugängliche Materialien:

- Ideal für Kleinkinder sind *große Malflächen* (Wandtafel, Malwand, Wandspiegel/Spiegelfolie, Fensterscheibe).
- *Abwaschbare Abdeckfolie* bzw. *Matten* (z. B. Badezimmerläufer zum Aufrollen) ermöglichen Krabbelkindern Erfahrungsspiele mit Materialien am Boden.
- Ein aufblasbares *Plantschbecken* (zum Einfüllen von Papier, Kastanien, Korken, Bällen, ...) kann als „Erlebnis-Bad" für die Sinne genutzt werden.
- Auf dem Bauteppich in der *Bauecke* sollte es neben fertigen Bausteinen auch leere *Kisten, Dosen* und *Schachteln* geben. *Decken, Tücher, Polster* und *Kissen* verbinden Bewegungsspiele mit kreativer Materialerfahrung.
- Eine *Wühlkiste* mit Haushaltsgegenständen (Sieb, Schneebesen, Plastikschüssel, Kochlöffel, ...) erweist sich als Fundgrube für neue Ideen.
- Ein *Maltisch,* ein *Regal mit Malzubehör* (große Papierbögen, dicke Buntstifte, Fingerfarbe, ...), einfache *Materialien* zum *Werkeln* und *Formen* (Papier, Scheren, weiche Knete, ...) fordern schon die Kleinen zu spontanen Aktivitäten auf. Zusätzlich können ein *Sandspieltisch* oder eine *Sandwanne* der Freude an Buddel-Spielen Raum geben.
- Legen Sie *Sammelkisten* für folgende Materialien an: Altpapier, Stoffe, Wollreste, Naturmaterialien (Kastanien, Muscheln, Tannenzapfen, ...), Abfälle (Korken, Schachteln, ...).
- Im *Freigelände*: Großer, ausreichend tiefer *Sandkasten, Matschmulde, Wasseranschluss,* neben fertigem Sandspielzeug vor allem alte *Küchengeräte* und *Naturmaterialien.*
- *Ästhetische Erziehung* beginnt schon bei der Gestaltung des (Krippen)Raumes: Poster aus der Erlebniswelt von Kleinkindern, Bilder von Künstlern und natürlich Bildwerke der Kinder selbst sollten den Raum schmücken (Trockengestelle für nasse Bilder und Klemmleisten zum Aufhängen fertiger Kinderbilder sind sinnvoll).

Förderschwerpunkt Kreativität

Das Verhalten der Erzieherin

- Lassen Sie Kleinkinder so viel wie möglich *experimentieren*. Ein neuer Gegenstand, ein unbekanntes Material sollte erst einmal gründlich erforscht und ausprobiert werden. Akzeptieren und unterstützen Sie neue (originelle) Einfälle und Lösungen, z. B. wenn das Kind auf einem Klumpen Ton herumklopft oder mit einem Spielzeugauto darüberfährt, anstatt ihn „ansehnlich" zu formen.
- Vorgegebene Bastelanleitungen, Schablonen, festgelegte Aufgaben und geführte Beschäftigungen sind für Kinder unter 3 Jahren wenig geeignet. Ebenso sind sie noch nicht (oder nur ansatzweise) in der Lage, gegenständliche Bildwerke zu produzieren. Wichtiger als das Ergebnis ist der *Prozess des Gestaltens*.
- Ältere Kinder in altersgemischten Gruppen neigen manchmal dazu, die Bildwerke der Kleinen als „Krickelkrakel" zu bezeichnen. Nicht selten verteilen sie gute Ratschläge und „bemuttern" die Jüngeren („Komm, ich male dir mal einen Baum"). Kleine Kinder in der Gruppe sollten aber nicht nur irgendwie „mitlaufen", sondern *eigenständig* tätig werden und *altersgemäße Spielgelegenheiten* bekommen. Manchmal müssen Sie vielleicht eine Ecke des Raumes für die Kleinen als „Kleinkinder-Baustelle" abteilen oder kreatives Material direkt in den Krippenbereich hineinlegen. Hier kann es dann auch einmal heißen: Große Kinder bitte nicht stören!
- Setzen Sie sich zu den Kindern, während sie malen, formen oder werkeln. Seien Sie aufmerksam für das, was die Kinder an eigenen Ideen einbringen und was sie dabei erzählen. *Sprachliche Äußerungen* geben Ihnen – neben der Bildsprache – wichtige Hinweise darauf, was Kinder empfinden.
- Vermeiden Sie es, Kindern etwas vorzumalen oder direkt in ihre Bildwerke hineinzuarbeiten. *Behutsame Fragen* und *Anregungen* können dagegen sinnvoll sein, ebenso technische Hilfen bei älteren Kindern (Wie klebe ich Papier? Wie halte ich eine Schere?). Freuen Sie sich mit den Kindern über ihre Bildwerke. Verzichten Sie auf jede Form von Kritik.
- Gerade bei den Kleinsten sollte es heißen: *Schmutzig machen erlaubt!* Sorgen Sie für ausreichend Malkittel, Matschhosen, Kleidung zum Wechseln und Malerfolie/Altpapier zum Abdecken. Vielleicht überdenken Sie auch Ihr eigenes Verhältnis zum Thema „Schmutz" und „Matsch". Manchmal kann es auch für Sie selbst sehr hilfreich sein, Ton, Erde und Sand mit den eigenen Händen zu erspüren und in die Erlebniswelt des kleinen Kindes einzutauchen.
- Allerdings sollten sich auch kleine Kinder an *Regeln* gewöhnen, z. B. was das Aufräumen von Material oder Händewaschen nach dem Malen oder Kneten anbelangt.

- Sammeln Sie die ersten Bilder der Kinder in eigenen Mappen (am besten mit Datum und Alter). Auch Kritzelzeichnungen und Klecksbilder verdienen es, im Gruppenraum aufgehängt zu werden. Dabei schenken natürlich nicht alle Kinder ihren Bildwerken Beachtung. Vieles wird einfach wieder zerstört, und dann geht die kreative Entdeckungsreise von neuem los.

Wie sich das bildnerische Gestalten in den ersten 3 Lebensjahren entwickelt

Nach dem Kunstpsychologen Rudolf Arnheim beruht die Entwicklung der Bildformen auf den Grundeigenschaften des Nervensystems, dessen Wirkung kaum durch kulturelle oder individuelle Unterschiede geändert wird. Aus diesem Grund sehen Kinderzeichnungen aus aller Welt im Wesentlichen gleich oder zumindest ähnlich aus. Allerdings wird jeder Entwicklungsschritt von jedem Kind anders durchlaufen, wobei sowohl ein längeres Verweilen in einer Entwicklungsphase als auch das Überspringen einer Phase völlig normal sind. Ebenso hängt die bildnerische Entwicklung von Erziehungs- und Umwelteinflüssen ab, besonders von Art und Umfang des zur Verfügung gestellten Materials und der Haltung der Eltern und Erzieher gegenüber dem Kind.

Bevor das Kind zum werkschaffenden Spiel gelangt (geplantes Vorgehen, Erkennbarkeit des Produktes) werden mit jedem Material *funktionale Vorstufen* durchlaufen:

1. *Die unspezifisch funktionale Stufe* (1. und 2. Lebensjahr): Material wird geworfen, in den Mund gesteckt, aneinander geklopft o. ä.
2. *Die spezifisch funktionale Stufe:* Materialien werden gemäß ihrer Funktion ausprobiert: Sand wird z. B. ein- und ausgefüllt, Bausteine werden in Reihen gelegt oder übereinander gestellt, Ton wird geklopft oder gerollt, aber ohne Zielperspektive.
3. *Das Symbolstadium* (Mitte/Ende des 3. Lebensjahres): Während oder nach dem Gestalten werden die Dinge willkürlich benannt.

Die *Vorschema-Phase* (komponierte, differenzierte Bilder, bewusste Farbwahl) und *Werkreife* (grundlegende graphische Merkmale, unverwechselbare „Handschrift") erreicht das Kind im 4. bzw. 5. Lebensjahr.

Förderschwerpunkt Kreativität

1. Lebensjahr *(0-12 Monate)*

Schon vor der Geburt sind die meisten Sinne des Kindes voll funktionsfähig. Wie schwerelos schwebte es im warmen Wasser, wurde von den Bewegungen der Mutter geschaukelt. Viele frühe Kinderbilder spiegeln ein solches Urerleben wieder. Die Kleinen sind noch ganz nahe an diesem vorgeburtlichen Einheitsgefühl: Sie matschen, malen, gestalten ganz aus ihrem inneren Erleben heraus.
Als früheste Form des bildnerischen Ausdrucks lässt sich das sog. *„Spurenschmieren"* bezeichnen. Lange bevor das Kind einen Stift halten kann, produziert es Spuren, die seine körperliche Freude an der Bewegung erahnen lassen. Babys und Kleinkinder schmieren gern mit allen flüssigen und teigigen Materialien: sie matschen mit Brei, machen Kratzspuren auf dem Teller, schmieren auf der Fensterscheibe, patschen mit der Hand in umgeschüttetem Tee herum, untersuchen ihre eigenen Exkremente. Aber auch Gegenstände des täglichen Lebens werden erkundet. Sobald das Kind greifen kann, erforscht es die Eigenschaften von vielen Dingen, die es betastet, fallen lässt, ineinander steckt, aufeinander türmt, durcheinander wirbelt.

2. Lebensjahr *(13-24 Monate)*

Das Kind im zweiten Lebensjahr sieht Erwachsene oder ältere Kinder schreiben oder malen und möchte es ihnen gleichtun. Es ergreift einen herumliegenden Stift und beginnt eine Entdeckungsreise auf einem weißen Stück Papier. Die Freude an der Bewegung, am Spiel mit Stiften und Farben ist zunächst so groß, dass die entstehenden Spuren als solche kaum beachtet werden.
Sobald das Kind aber den Zusammenhang zwischen seinem Tun und den daraus entstehenden Spuren erfasst hat, führt dieses aufregende Erlebnis zu immer neuen Versuchen.

Beim Kritzeln unterscheidet man:
- *Hiebkritzeln:* Zunächst werden die Arme mit dem Stift aus dem Schultergelenk heraus bewegt (punktförmiger Hieb mit auslaufendem Ruck).
- *Schwingkritzeln:* Das Kind zeichnet dicke Strichlagen, die in beide Richtungen verlaufen, in die Bildmitte. Dabei arbeitet es aus dem Ellenbogengelenk heraus.
- *Kreiskritzeln:* Kritzeln erfolgt aus dem Handgelenk, es entstehen kreis- und spiralförmige Gebilde (Urknäuel). Oft wird der freie Raum in der Mitte des Knäuels mit Punkten ausgefüllt.

* *Einzelformen/Zeichen:* Wenn das Kind gelernt hat, den Stift willentlich anzuheben und abzusetzen, entstehen auf dem Bild nunmehr verstreute Einzelformen und Zeichen, z. B. sich überschneidende Linien und Kreuze (Urkreuze), Kasten- und Leiterformen.

Beim Malen mit Finger- oder Wasserfarben werden oft mehrere Farben durcheinander und übereinander gesetzt.
Beim Spiel mit Ton und Teig wird das Material erst untersucht, zerpflückt, durchbohrt, platt geklopft, gerissen, gerollt, geworfen, mit unterschiedlichen Gegenständen bearbeitet.
Beim Bauen geht das Kind noch nicht planvoll vor. Es untersucht, wie sich Dinge ineinander stecken oder übereinander türmen lassen, wie sie stehen bleiben oder fallen. Es füllt Materialien ein und leert sie wieder aus.

3. Lebensjahr (25-36 Monate)

Ab Mitte/Ende des 3. Lebensjahres beginnen Kinder damit, ihre Kritzel im Nachhinein oder während des Malens zu *benennen*. So zeichnet das Kind vielleicht einen Kreis und nennt ihn „Mama". Kurz darauf heißt der Kreis „Fußball", „Fenster" oder „Hund".
In diesem *„Symbolstadium"* stehen unterschiedliche Formen für real existierende Dinge, wobei die Symbole zum Teil Ähnlichkeit mit den realen Formen haben, zum Teil aber auch nicht.
Wenn das Kind ein geschlossenes Kreisgebilde ziehen kann, neigt sich die Kritzelphase dem Ende zu (meist Mitte/Ende des 3. Lebensjahres).
Im Laufe der weiteren Entwicklung versucht das Kind immer mehr, das Gemeinte klarer und deutlicher herauszubilden. Selbstverständlich treten parallel dazu nach wie vor Kritzeleien/Schmierereien auf, und noch lange finden wir innerhalb gegenständlicher Zeichnungen Kritzelformen.
Kinder zeichnen/malen Ende des 3. Lebensjahres gern Kreise mit fühler- oder tentakelartigen Gebilden, die nach allen Richtungen abstehen (sog. *„Tastkörper"*). Die Gebilde haben Ähnlichkeit mit Sonnendarstellungen. Sie drücken die kindliche Entwicklungssituation aus: das Kind macht nach allen Seiten Erfahrungen, dehnt seinen Horizont (mit Strahlen) aus. Später beschränkt sich die Anzahl der angehängten Gliedmaßen auf 2-4 Striche, die als erste Arme/Beine des sog. *„Kopffüßlers"* identifiziert werden können (etwa im 4. Lebensjahr). Der gezeichnete Kopf erhält oft ein schematisches Gesicht. Daneben werden auch erste Häuser, Autos und Tiere dargestellt, wobei sich die Darstellungen auf wesentliche Merkmale beschränken.

Das kleine Rot, das kleine Gelb: Farb- und Malspiele

Obwohl kleine Kinder begeistert zu Stiften greifen, entspricht das Malen mit flüssiger Farbe in besonderer Weise ihren Bedürfnissen.

Schmierfinger: Erste Erfahrungen mit Fingerfarben

Fingerfarben setzen sensomotorische Reize durch den direkten Kontakt mit der Haut. Unbewusstes Material „gleitet" sozusagen aus der Seele direkt in die Hand und in die zu gestaltende Farbe. Dabei können ideal Spannungen reduziert und Aggressionen abgebaut werden. Finger- und Kleisterfarben helfen (neben Matschen mit Sand und Ton) zudem dabei, die Folgen zu rigider Sauberkeitserziehung zu kompensieren. Besser ist es natürlich, von vorn herein die Sauberkeitsgewöhnung gelassen anzugehen und Hemmungen erst gar nicht aufkommen zu lassen (kein zu frühes und/oder strenges „Töpfchensetzen" bzw. übertriebene Körperpflege und Reinlichkeit).

Finger-Mal-Spaß

Alter/Entwicklungsstand: ab 2 Jahre
Mitspieler: 1-4 Kinder
Material: Fingerfarbe (rot, gelb, blau, ..., grün; fertig gekauft – in Flaschen – oder selbst gemacht), mindestens 4 Becher/Schälchen für die Farben (z. B. Joghurtbecher), große, dicke Papierbögen (Tapetenrolle), Abdeckfolie, Lappen/Papierhandtücher, Malkittel, eventuell Klebeband und Schere
Ort/Raum: Gruppenraum (Maltisch) oder Freigelände
Hinweise: Geben Sie den Kindern zunächst nur eine Farbe. Später können Sie eine zweite oder weitere Farben anbieten. Kleinkinder mischen oftmals mehrere Farben durcheinander, sodass am Ende ein schmieriger Braunton entsteht. Lassen Sie dies einfach geschehen! Es kommt nicht auf reine Farben an. Und: Kinder, die nicht die eigenen Finger benutzen mögen, bekommen stattdessen einen dicken Pinsel oder Spachtel.

Spielanleitung: Decken Sie einen Kindertisch oder einen Teil des Fußbodens mit abwaschbarer Folie ab. Legen Sie große Papierbögen darauf (eventuell mit Klebeband festkleben). Füllen Sie für jedes Kind ein (später mehrere) Schälchen/Becher mit Fingerfarbe. Nun heißt es: Malkittel an – und: „Los geht's!" Lassen Sie die Kinder so frei wie möglich mit den Farben experimentieren.
Groß und klein zusammen: Spielen Sie „Farben-Küche" und gestalten Sie mit den älteren Kindern eine handgemachte Fingerfarbe für die Kleinen.

Rezepte: Fingerfarben aus der Farben-Küche

Kleister-Pulver-Farbe (ab 2 Jahre)
2 Tassen Wasser
6 TL Temperafarbpulver (oder etwas Lebensmittelfarbe bzw. Pflanzensaft)
3 TL Kleister-Pulver
Zutaten verrühren und in einem Topf aufkochen. Dann in Joghurtbecher oder verschraubbare Gläschen füllen und Farbe erkalten lassen.

Erster Farb-Spaß für Babys (ab 1 bzw. 1,5 Jahre)
100 ml Wasser
4 EL Mehl
Lebensmittelfarbe (oder farbiger Obst- bzw. Gemüsesaft)
Wasser und Mehl mischen und mit Lebensmittelfarbe bzw. Saft einfärben. In Schälchen abfüllen!
Einen Teil des Raumes mit Plastikplane auslegen. Die Kleinen auf großen Papierbögen mit der Farbe schmieren lassen. Am besten geht das natürlich im Freien (im Sommer nur mit einer Windel bekleidet oder nackt).

Pflanzen, die färben:
Kirschsaft, Heidelbeersaft, Rote-Bete-Saft, Möhrensaft, Kamillentee, Spinat, Früchtetee, … einfach einer Grundmasse (z. B. Mehl-Wasser-Gemisch oder einem fertig gekochten, klaren Tortenguss aus Stärke) beimengen und verrühren.

Farb- und Malspiele

Ist das nicht bloß Matscherei?

- Was für die Kleinen oft Riesenspaß bedeutet, ist für Sie mit einer Portion an Mehrarbeit verbunden. Dennoch: Die pädagogischen Vorteile überwiegen. Allerdings sollten die Kleinen schon klare Regeln lernen.
- Farben haben im bzw. am Mund nichts zu suchen. Das gilt auch bei „essbaren" Farben aus pflanzlichen Bestandteilen, da Kleinkinder nicht zwischen bedenklichen und unbedenklichen Substanzen unterscheiden können. Deshalb: deutlich „Nein" sagen!
- Informieren Sie sich beim Kauf von fertiger Fingerfarbe über die Inhaltsstoffe bzw. Testergebnisse (z. B. Öko-Test). Nicht alle Farben sind unbedenklich! Stifte und Farben sollten der DIN/EN 71 (Euronorm) entsprechen!
- Selbst wenn die „Matscherei" manchmal gewöhnungsbedürftig ist: Bitte keinen Ekel zeigen! Ausreichend Wasser, Lappen, Küchenrolle bereitstellen/-legen.
- Neben Papier kann auch ein alter Spiegel, eine Malwand, die Fensterscheibe oder eine Staffelei mit dicker Pappe als Untergrund dienen.

Erlebnisspiele mit Schaum und Seife

Für Kleinkinder sind kreative Erfahrungen vor allem ganzheitliche Körpererfahrungen, die sie mit allen Sinnen genießen. Schaum und Seife eignen sich ideal zum Matschen und Malen. Sie lassen sich kinderleicht verstreichen und anschließend mit Wasser und Lappen wieder weg„zaubern".

Mal-Vergnügen mit Schaum

Alter/Entwicklungsstand: ab 1,5 Jahre
Mitspieler: 2-4 Kinder
Material: Dusch- oder Badeschaum für Kinder (gibt es auch farbig), 1-2 große Spiegel
Ort/Raum: Gruppenraum, Waschraum oder Freigelände
Spielanleitung: Stellen Sie den Spiegel an die Wand oder legen Sie ihn auf den Boden. Geben Sie einige Spritzer Badeschaum (mit etwas Wasser) darauf. Wer möchte den Schaum verstreichen und mit Händen oder Fingerspitzen „malen"?
Hinweise: Achten Sie auf ph-neutrale und dermatologisch getestete Produkte. Beobachten Sie die Kinder aufmerksam!
Variation: Verwenden Sie Rasierschaum als „Mal-Mittel" auf Spiegeln! Sie können auch farbige Seifenstifte (gibt es im Spielzeugbedarf zu kaufen) oder Kindercreme anbieten.
Übrigens: Wer möchte mal im Waschbecken „malen" und das Kunstwerk im Handumdrehen wieder verschwinden lassen?
Bei heißem Wetter können die Kinder im Garten ihren ganzen Körper mit (farbigen) Malseifen oder Badeschaum bemalen.

Pustespaß für Krabbelkinder

Lassen Sie Babys/Krabbelkinder (vielleicht nackt oder nur mit einer Windel bekleidet) in einem ausreichend geheizten Raum umherkrabbeln. Dazu legen Sie den Raum am besten mit abwaschbaren Matten aus. Im Sommer wäre der Garten ideal. Pusten Sie viele Seifenblasen über die Köpfe der Kinder (Lösung können Sie fertig kaufen). Seifenblasen sind schon für Babys ein faszinierendes Schauspiel, das zum Beobachten und Staunen und zur Bewegung anregt.

Farb- und Malspiele

Malermeister: Mit Pinsel und (Wasser-)Farbe

Für viele Kinder ist der Pinsel ein reizvolles Gerät beim Malen. Kommt man sich nicht gleich wie ein Maler vor? Die Handhabung des Pinsels verlangt feinmotorisches Geschick und gelingt vielen Kindern nicht gleich beim ersten Versuch.

Tipps und Tricks für die jüngsten Malermeister

- Besorgen Sie für kleine Kinder Tempera-Wasserfarben in Form großer Farb-Tabletten. Für jede Farbtablette kauft man ein eigenes Töpfchen oder man besorgt gleich fertige Farbpaletten mit mehreren Farben (Kiga-Bedarf).
- Bieten Sie den Kindern zunächst nur eine Farbe an, und erweitern Sie dann das Angebot auf die Grundfarben.
- Geben Sie den Kindern handliche, dicke Pinsel und einen langen Malkittel (abgeschnittenes, altes Oberhemd)
- Decken Sie den Maltisch mit abwaschbarer Folie und Zeitungen ab.
- Füllen Sie (standfeste) Wassertöpfe mit wenig Wasser (sie fallen bei Kleinkindern leicht um).
- Für die Kleinen ist es noch schwierig, die Handhabung von Wasser, Farbe und Pinsel zu koordinieren. Helfen Sie ihnen, indem Sie bei Bedarf direkt Wasser auf die Farbtabletten geben und die Farbe umrühren lassen.
- Sie können Temperafarbe allerdings auch in Flaschen erwerben (in Schälchen füllen und mit Wasser fertig anmischen).
- Die ganz schnelle Lösung: Den Kindern ein paar Kleckse Farben direkt aus den Flaschen auf das Malblatt geben!

Erste Experimente mit Tempera

Alter/Entwicklungsstand: ab 2 Jahre
Mitspieler: 2-4 Kinder
Material: große Papierbögen (z. B. Tapete), abwaschbare Tischdecke, Temperafarbe in Grundfarben (Blöcke oder Flaschen), standfeste Wassergläser, Zeitung/Küchenrolle, dicke Pinsel, Malkittel
Ort/Raum: Gruppenraum (Maltisch)
Hinweise: Häufig vergessen die Kinder, den Pinsel vor Gebrauch einer neuen Farbe im Wassertopf auszuwaschen. Am Ende sind alle Farben gemischt. Lassen Sie den Kindern diese Erfahrung, selbst wenn am Ende nur ein „Mischmasch" aus Brauntönen heraus kommt. Später können Sie ihnen zeigen, wie man den Pinsel immer wieder auswäscht und abstreift.
Außerdem: Beobachten Sie die Kinder und hören Sie aufmerksam zu, was die Kleinen zu ihren Bildern erzählen!
Spielanleitung: Lassen Sie die Kinder frei mit den Farben experimentieren, ganz egal, ob nun Kleckse, Striche oder Punkte entstehen. Manchmal klappen die Kinder die Bilder zusammen („Klatschbilder") oder malen so lange und so fest, dass ihr Papier schon Löcher und Risse bekommt. Kinder brauchen diese Erfahrungen. Es kommt nicht auf vorzeigbare Bildwerke an!

Zauberkasten: Überraschungen aus dem Farbtopf

Farbspiele sorgen zuweilen für zauberhafte Effekte. Kleine Kinder probieren gerne die Eigenschaften von Materialien aus und sind begeistert, wenn am Ende eine Überraschung wartet. Interessante Farbspuren, Muster und Mischfarben entstehen, wenn Materialien und Techniken auf neue Weise spielerisch kombiniert werden. Allerdings sollten Sie berücksichtigen: Je jünger das Kind, desto weniger sollten Sie Techniken vermitteln, die, in einem bestimmten Ablauf befolgt, ein vorab geplantes Ergebnis bringen. Kleinkinder werfen Techniken ganz schnell wieder „über Bord" und experimentieren wie „Köche" in einer großen „Versuchsküche".

Farb- und Malspiele

„Nass in Nass"

Alter/Entwicklungsstand: ab 2,5 Jahre
Mitspieler: 2-4 Kinder
Material: Tempera-Wasserfarben, Pinsel, Schwamm, Wassergläser, große Malblätter, Malkittel
Ort/Raum: Gruppenraum (Maltisch)
Spielanleitung: Die Kinder feuchten die Blätter mit Hilfe von Wasser und Schwamm an. Zeigen Sie ihnen einmal, was passiert, wann man jetzt Farbkleckse auf das Blatt gibt. Lassen Sie die Kinder beobachten und die ineinander fließenden Farben bestaunen. Wer möchte es einmal selbst versuchen?
Variation: Filtertüten oder runde Filterpapiere werden mit Wasser angefeuchtet. Anschließend Wasserfarbe darauf geben und fließen lassen. Das Papier leitet die Farbe wunderschön. Zum Trocknen auf saugfähiges Zeitungspapier legen.
Ältere Kinder können daraus Schmetterlinge oder Blüten falten (vgl. dazu Kapitel „Kommt der Frühling bald: Oster-Werkeln").

Spritz-Spaß

Alter/Entwicklungsstand: ab 2,5 Jahre
Mitspieler: 2-4 Kinder
Material: leere Plastikflaschen, Gefrierbeutel, Temperafarbe (eventuell auch Lebensmittelfarbe), Wasser, Tapetenbahnen, Malkittel
Ort/Raum: Freigelände
Spielanleitung: Füllen Sie Plastikflaschen oder Gefrierbeutel mit Wasser und etwas Farbe (fest zuknoten). Bohren/schneiden Sie mit einer spitzen Schere oder einer heißen Nadel eines oder mehrere Löcher hinein. Wer möchte einmal mit der flüssigen Farbe spritzen oder sie einfach auf die Tapetenbahnen tropfen lassen?
Hinweise: An heißen Sommertagen können sich die Kinder (nackt oder nur mit einer Windel bekleidet) dem Spritz-Spaß hingeben. Wenn der ganze Körper einbezogen wird, besser Lebensmittelfarbe bzw. Pflanzensaft (von gekochten Blättern oder Früchten) als Zusatz verwenden und anschließend im Freien abduschen.

Zauberbilder durch Übermalen

Alter/Entwicklungsstand: ab 3 Jahre
Mitspieler: 2-4 Kinder
Material: Wachsmalstifte oder -blöcke, Zeichenblätter, Temperafarben, dicke Pinsel, Wassergläser, Malkittel, abwaschbare Tischdecke
Spielanleitung: Lassen Sie die Kinder mit Stiften auf einem Blatt kritzeln. Zeigen Sie Ihnen nun, was passiert, wenn das Bild großzügig mit dünnflüssiger Temperafarbe übermalt wird. Sie werden vielleicht staunen, wie die Striche und Linien aus Wachs die Farbe abweisen. Eine interessante Kombination aus Zeichnen (Kritzeln) und Malen.
Hinweise: Wenn die Kinder die Farbe zu dick auftragen, klappt die Technik nicht. Deshalb für ausreichend Wasser sorgen. Außerdem: Wenn die Wachsspuren am Ende doch zugemalt werden, so macht das gar nichts. Eine weitere Form von „Zauberei" ist entstanden.

Wattepads färben

Alter/Entwicklungsstand: ab 2,5 Jahre
Mitspieler: 2-4 Kinder
Material: Wattepads (Kosmetik), farbige Pflanzensäfte oder Tees, 6-8 flache Schälchen, Zeitungspapier, Malkittel
Spielanleitung: Wählen Sie fertige Pflanzensäfte (z. B. von Kirsche, roter Bete, Spinat ...) oder kochen Sie farbigen Tee (z. B. Hagebutte, Kamille). Auch Gewürze (Safran, Kakao, Zimt ...) eignen sich – mit Wasser verdünnt – zum Färben.
Geben Sie die Flüssigkeiten in verschiedene Schälchen. Die Kinder legen nun Wattepads in die Schälchen, nehmen sie anschließend wieder heraus und lassen sie auf Zeitungspapier trocknen. Interessante Natur-Farb-Effekte entstehen.
Variation: Nach dem Trocknen kann man die Pads mit Kleister auf ein großes Blatt kleben.
Groß und klein zusammen: Ältere Kinder fädeln die Pads mit dicker Nadel und Faden zu einer Schlange, Raupe oder einer Girlande auf.

Farb- und Malspiele

Erdgeister unterwegs

Alter/Entwicklungsstand: ab 2 Jahre
Mitspieler: 2-6 Kinder
Material: Tapetenrolle (oder Pappe), verschiedenfarbige feine Erde (und/oder Sand), Schüssel(n), Wasser, eventuell Gläser mit Schraubdeckel, eventuell Mörser
Ort/Raum: Freigelände
Spielanleitung: Mischen Sie sauberen Sand mit Wasser in einer Schüssel. Wer möchte darin mit den Händen matschen? Die Kinder können den Sandbrei auf Pappe geben und ihn dann verstreichen. Statt Sand können Sie auch feine Erde nehmen (vorher mit einem Mörser zerstampfen).
Variation: Mischen Sie den Erd- oder Sandbrei mit Tapetenkleister. So läst sich das Malmittel noch besser verstreichen. Sie können die Erdfarbe in verschraubbaren Gläsern aufheben.

Puste-Spaß mit Farben

Alter/Entwicklungsstand: ab 3 Jahre
Mitspieler: 2-4 Kinder
Material: Strohhalme, Malpapier, Temperafarben, Pinsel, Wassergläser, Malkittel, eventuell Löffel
Spielanleitung: Mischen Sie Farbe mit viel Wasser. Die Kinder geben nun die flüssige Farbe tropfenweise auf das Blatt (z. B. mit einem Löffel). Zeigen Sie, was passiert, wenn man mit einem Strohhalm auf die Farbtropfen pustet. Nun können es die Kinder selbst versuchen. Durch Klecksen und Pusten entstehen lange Farblinien und spinnenähnliche Gebilde.
Groß und klein zusammen: Die Pustetechnik ist nicht ganz einfach. Ideal wäre es, wenn jeweils ein großes und ein kleines Kind zusammen klecksen und pusten würden.

Murmelbilder

Alter/Entwicklungsstand: ab 3 Jahre
Mitspieler: 1-4 Kinder
Material: Deckel von großen, runden Käseschachteln oder Deckel von Schuhkartons, Malpapier, verschieden große Murmeln, Fingerfarben in Schälchen, Malkittel

Spielanleitung: Schneiden Sie ein Malblatt in der Größe des jeweiligen Deckels (Käseschachtel) zu, und legen Sie es anschließend in die Schachtel/den Karton. Nun tauchen die Kinder eine Murmel in Fingerfarbe und legen sie auf das Blatt im Deckel. Zeigen Sie ihnen, wie die Murmel durch Hin- und Her-Bewegen des Deckels interessante Farbspuren erzeugt. Wer will es selbst probieren, z. B. mit einer neuen Murmel/Farbe?

Kleisterbilder

Alter/Entwicklungsstand: ab 3 Jahre
Mitspieler: 2-4 Kinder
Material: Tapetenkleister (mit Schüssel zum Anrühren), Malpapier, Temperafarben, Wassergläser, Pinsel, Materialien zum „Wischen" (Papier, Löffel, Stäbchen, Kamm, Schwamm u. ä.), Malkittel, abwaschbare Tischdecke
Spielanleitung: Die Kinder streichen ihr Blatt mit Kleister ein. Anschließend malen sie mit Pinsel und Temperafarbe darüber. Jetzt beginnt die „Zauberei". Die Kinder können mit Gegenständen (Kamm, Löffel etc.) Muster in das Kleister-Farben-Gemisch wischen.

Kri-Kra-Kritzelspaß:
Mit Stiften und Kreiden

Sobald das Kind in der Lage ist, einen Stift zu halten (oft schon ab einem Jahr – mit der ganzen Faust umschlossen), produziert es gern sichtbare Kritzel-Spuren, die aus rhythmischen und schwungvollen Schulter-, Arm- und Handbewegungen entstehen. Zunächst sind diese Spuren für das Kind noch nicht bedeutsam. Die Freude an der Bewegung steht im Vordergrund. Bald erkennt es jedoch den Zusammenhang von Bewegungen und den daraus entstehenden Zeichenspuren auf der Unterlage. Von da an hat es Freude daran, etwas direkt bewirken und ausdrücken zu können.

Stifte und Kreiden: Hauptsache handlich

Kleinkinder wählen zunächst beliebig einen Stift oder eine Kreide für ihre Kritzelversuche aus. Die Farbgebung spielt anfangs noch keine Rolle. Wichtig sind Stifte, die gut in der Hand liegen, sich leicht führen lassen und möglichst dicke, deutliche Spuren hinterlassen.

Material zum Kritzeln in der Krippe

- extra dicke Buntstifte („Dickis") – zunächst in den Grundfarben
- Wachsmalstifte/Wachsmalblöcke
- Malbirnen
- dicke Kreiden
- Papiere in unterschiedlichen Farben/Materialien (z. B. Packpapier, Computerpapier, Tapete, farbige Pappe)
- Wandtafel/Tafelfolie, Holzplatte (als Kritzelwand)
- Dicke Buntstifte und Papiere sollten den Kindern (in einer offenen Dose/Schachtel) jederzeit zugänglich sein!

Bunte Stifte „auf Tour"

Alter/Entwicklungsstand: ab 1,5 Jahre
Mitspieler: 1-3 Kinder
Material: mehrere dicke Buntstifte, Wachsmalstifte, -blöcke oder Malbirnen in unterschiedlichen Grundfarben, große Papierbögen (z. B. Packpapier)
Spielanleitung: Legen Sie einen Tisch oder den Fußboden mit großen Papierbögen aus. Verteilen Sie ein paar Stifte auf den Blättern und beobachten Sie, was die Kleinen von sich aus damit tun. Stifte sind nicht nur zum Zeichnen da. Man kann sie greifen und betasten, ja sogar damit „bauen". Vielleicht entdecken einige Kinder von sich aus, dass Stifte Spuren auf Papier hinterlassen.
Hinweise: Lassen Sie die Kinder mal sitzend, mal stehend oder gar liegend experimentieren und dabei ihren ganzen Körper einbeziehen.
Tipp: Alte Tapetenbücher sammeln und als Kritzelbücher verwenden!

Kritzel-Kreiden

Alter/Entwicklungsstand: ab 2,5 Jahre
Mitspieler: 1-3 Kinder
Material: weiße und farbige Schulkreide, Pappen in unterschiedlichen Farben
Spielanleitung: Die Kinder erhalten ein Stück Pappe und Kreide zum Kritzeln.
Variation: Kritzeln auf einer Wandtafel oder auf selbstklebender Tafelfolie (die vielleicht die Rückwand eines Schrankes im Krippenbereich ziert) bringt jede Menge Vergnügen.
Groß und Klein zusammen: Ältere Kindergartenkinder können mit weißer Kreide auf schwarzem Tonpapier zeichnen. Striche und Punkte erinnern vielleicht an Schnee bzw. Schneeflocken. Die Kleinen helfen, indem auch sie viele Striche und Punkte ausprobieren.

Tipp: „Zuckerkreide" selbst gemacht (ab 2,5 Jahre)
2 TL Zucker und 1 Tasse Wasser vermengen und umrühren, farbige Tafelkreiden 1x durchbrechen und in dem Zuckerwasser mehrere Stunden einweichen. Kreiden herausnehmen. Papiere (Tonpapier, Packpapier) als Zeichenpapier anbieten. Die weichen Zuckerkreiden sind besonders leuchtend und haftend.

„Da kommt die Maus": Sprüche zu Kritzeleien

Kinder lieben kurze Sprüche und Reime, die rhythmische Sprache und Körperbewegungen verbinden. Entstehen zu den Reimen auch noch sichtbare Effekte auf Papier (Punkte, Striche, Kreise, …), die man nicht nur sehen, sondern auch noch hören kann (Klopfgeräusche), dann sind die Kleinen meist mit allen Sinnen bei der Sache. Allerdings sollten Kritzelspiele zu Sprüchen nicht dazu dienen, klischeehafte „Standardzeichnungen" („Punkt, Punkt, Komma, Strich, fertig ist das Mondgesicht" …) einzuüben. Gegenständliche Darstellungen sind dem kleinen Kind noch fremd. Natürlich können auch scheinbar sinnlose Kritzelstriche eine Bedeutung bekommen (z. B. „schnell fahrendes Auto", „Wind", „Regen", „rennendes Kind" usw.).

Wetter-Geschichte

Mitspieler: 1-4 Kinder
Alter/Entwicklungsstand: ab 2,5 Jahre
Material: große Papierbögen (für jedes Kind ein eigenes Blatt oder ein Riesen-Blatt für alle), Wachsmalstifte oder -blöcke
Ort/Raum: Gruppenraum (auf dem Fußboden oder an einem großen Tisch)
Spielanleitung: Die Kinder bewegen gemeinsam mit der Erzieherin die Stifte zu den Reimen.

„Pitsch, patsch, pitsch, patsch", Regen macht die Straße nass.	Die Kinder patschen (klopfen) mit den Stiften/Blöcken auf dem Papier.
„Huuuh, huuuh, huuuh, huuu", pustet nun der Wind dazu.	Bei „Huuuh, huuuh" wischen sie in der Luft oder auf dem Blatt.
„Donner-Blitz, Donner-Blitz", schlechtes Wetter ist kein Witz.	Wenn es donnert, wird ganz laut mit den Stiften/Blöcken geklopft und gehämmert.

Laufen, laufen, flitzen, flitzen, wir alle woll'n im Trocknen sitzen.	Bei dem Wort „laufen" flitzen die Stifte/Blöcke über das ganze Blatt.
Kaum hocken trocken wir im Haus, kommt die liebe Sonne raus.	Bei „trocken" machen alle eine kurze Pause und zeichnen dann in der Luft oder auf dem Papier mit den Händen/Stiften einen großen Kreis bzw. viele kreisförmige Bewegungen.
Steht wie ein Ball am Himmelszelt. Ganz warm und hell ist nun die Welt. Autorin	

Hinweise: Spiele zum Klopfen, Wischen und Schwingen lockern Schulter- und Handgelenke, fördern grob- und feinmotorische Bewegungsabläufe und regen dazu an, das gesamte Blatt mit großflächigen Bewegungen auszufüllen. Gerade zurückhaltende Kinder können ermutigt werden, sich bildnerisch auszudrücken.

Das Mäusehaus (ab 2 Jahre)

Alle Kinder sitzen um ein großes Blatt Papier herum (Tapete o. ä.). Zeichnen Sie auf die Mitte des Blattes einen Kreis oder ein Viereck als „Mäusehaus". Lassen Sie die Figur an einer Stelle offen. Hier ist die Tür. Jedes Kind legt seinen Wachsmalstift/-block als „Maus" in das „Haus" hinein.

Wir klopfen an das Mäusehaus! Schon huschen die Mäuse zur Tür heraus. Huschen durch den Keller, werden immer schneller.	Alle klopfen an das (gezeichnete) Haus. Die Kinder nehmen ihren Wachsmalstift und lassen ihn (aus der Tür heraus) über das gesamte Papier „huschen". Geben Sie den Kindern Zeit, das gesamte Blatt ausgiebig „einzunehmen".

*Schaut die Katze um die Eck,
laufen alle Mäuse weg.
Verstecken sich im Mäusehaus,
kommen gar nicht mehr heraus.*

Autorin

Lassen Sie eine Stoffkatze auftauchen oder spielen sie selbst „Katze". Schon flüchten die Mäuse (Wachsmalstifte) ins Mäusehaus zurück. Vielleicht schließen Sie noch die Tür, indem Sie einen Gegenstand (z. B. Baustein) vor die Öffnung des gezeichneten Hauses legen.

Was mein Stift so alles kann ... (ab 2 Jahre)

*Suppe rühren, Suppe rühren, ...
Tische wischen, Tische wischen, ...
Nagel klopfen, Nagel klopfen, ...
Auto waschen, Auto waschen, ...
Katze streicheln, Katze streicheln, ...*

Passend zum Text kreist, wischt, klopft, ... der Stift über das Blatt.

*Willst du's wissen, schau mal an,
was mein Stift so alles kann???*

Autorin

Zum Schluss sollen die Kinder ausprobieren, was der Stift noch alles kann.

Groß und klein zusammen: Ältere Kinder können den Stift auch eine kurze Geschichte erzählen lassen. Vielleicht ist der Stift ein Auto, das in Kurven über das Blatt rast, oder ein Frosch, der von Blatt zu Blatt hüpft.

Ich denk mir was! Kreative Effekte und Geschichten

Durch Materialien, die Sie einfach auf dem Tisch ausbreiten, durch kleine Spielszenen mit Krimskram, durch Spiele mit Effekten und Geschichten mit offenem Ausgang können Sie der kindlichen Phantasie Flügel wachsen lassen.

Lichter fangen

Alter/Entwicklungsstand: ab 2,5 Jahre
Mitspieler: 2-4 Kinder
Material: Tapetenrolle, Wachsmalstifte oder -blöcke, Taschenlampe (eventuell Klebeband)
Ort/Raum: Gruppenraum (Fußboden oder Wand)
Spielanleitung: Verdunkeln Sie den Raum ein wenig. Legen Sie ein großes Stück Tapete auf den Fußboden oder kleben Sie es mit Klebeband an eine Wand. Schalten Sie die Taschenlampe ein, und lassen Sie den Lichtkreis über das Papier (Tapete) wandern.
Erzählen Sie eine kurze Geschichte von einem kleinen Licht, das sich in einem dunklen Haus verlaufen hat. Die Kinder dürfen nun mit ihrem Wachsmalstift hinter dem Licht „herlaufen" und versuchen, es zu „fangen". Dabei hinterlassen sie Kritzelspuren auf dem Papier. Variieren Sie das Tempo und die Richtung des Lichtes.
Variation: Jetzt darf ein Kind die Taschenlampe führen. Vielleicht kommt jedes Kind im Laufe des Spiels einmal in den „Genuss" der Taschenlampe.

Knopf & Co „on tour"

Alter/Entwicklungsstand: ab 2,5 Jahre
Mitspieler: 1-3 Kinder
Material: großer Zeichenblätter, viele große Knöpfe, Wachsmalstifte (oder Buntstifte)
Ort/Raum: Gruppenraum (an einem Tisch oder auf dem Fußboden)
Spielanleitung: Legen Sie einen Knopf auf das Malblatt und fragen Sie: „Was macht der Knopf?" Je nach Antwort bewegen Sie den Knopf auf dem Blatt. Nehmen Sie dann weitere Knöpfe dazu. Vielleicht bauen Sie gemeinsam mit den Kindern auf dem Blatt „Familie Knopf". Vielleicht entsteht eine lange Schlange oder eine Blume. Oder Sie verteilen die Knöpfe einfach kunterbunt auf dem Papier.

Jetzt kommen die Stifte zum Einsatz. Die Kinder kritzeln um die Knöpfe herum und zwischen ihnen hindurch. Vielleicht umkreisen sie „Familie Knopf" und bauen ihr ein Haus. Wer „füttert" die Schlange mit vielen Punkten und Kritzelstrichen? Die Kinder lassen ihrer Phantasie freien Lauf.

Variation: Biegen Sie aus Pfeifenputzerdraht oder Wollfaden eine Schlange. Lassen Sie die Schlange zu den Kindern über die Malblätter huschen. Die Kinder können die Schlange mit ihren Stiften „verfolgen", sie einkreisen, füttern usw. Plötzlich beginnt es zu „regnen". Die Kinder klopfen mit den Stiften, bis viele Punkte/Striche die Schlange „nass regnen".

Wie geht es weiter?

Alter/Entwicklungsstand: ab 3 Jahre
Mitspieler: 2-4 Kinder
Material: Zeichenblätter, Klebestifte oder Tapetenkleister, Wachsmalstifte, Buntstifte, diverse Materialien für Effekte (z. B. Alufolie, Goldpapier, Wolle, Blätter aus der Natur, Stoff, Schmirgelpapier, Fotos aus der Zeitung, Wellpappe, Buntpapier usw.)
Vorbereitung: Bereiten Sie für die Kinder einzelne Zeichenblätter vor. Kleben Sie dazu auf jedes Blatt ein einzelnes Stück Material, das die Phantasie anregt (z. B. ein Stück Alufolie, ... einen dicken Wollfaden, ... ein Blatt vom Baum, ...).
Spielanleitung: Die Kinder suchen sich ein vorbereitetes Zeichenblatt aus und gestalten es mit ihren Stiften weiter. So kann z. B. ein aufgeklebtes Herbstblatt Arme und Beine bekommen, ein Stück Schmirgelpapier bekommt ein (Haus-)Dach, ein Streifen Stoff erhält Räder. Neben den Stiften können auch Materialien zum (Weiter-)Kleben zum Einsatz kommen, z. B. Papierschnipsel mit Kleister. Der Phantasie sind keine Grenzen gesetzt.
Hinweis: Vorab aufgeklebte Einzelteile sollen die Phantasie der Kinder anregen und neue, ungewöhnliche Gestaltungswege öffnen.

Eins, zwei, ... Druckerei: Stempelspiele

Beim Stempeln können Kinder Formen unzählige Male reproduzieren. Interessant ist es zu beobachten, wie die Farbintensität langsam nachlässt und der Stempel dann wieder erneut in Farbe getaucht oder mit dem Pinsel eingestrichen werden muss. Kleinkinder neigen zunächst dazu, Stempel wie Pinsel einzusetzen. Lassen Sie den Kindern diesen Erfahrungsspielraum.
Mit der Zeit – und vielleicht durch Nachahmung älterer Kinder – werden sie mit der Stempeltechnik vertraut.

Mit Händen, Fingern und Füßen

Anfangs bieten sich die eigenen Hände/Finger als Stempel an. Im weiteren Sinne handelt es sich hier um Funktionsspiele mit dem eigenen Körper, die aus Freude an der Bewegung und aus Spaß an damit erzielten Effekten gespielt werden. Hand-, Finger- und Fußabdrücke vertiefen die Körperwahrnehmung, bereiten sinnliches Vergnügen (Tasterleben im Umgang mit der Farbe) und bieten Gelegenheit, ohne weitere Hilfsmittel schnell und effektiv Formen und Farbeffekte hervorzubringen. Ganz stolz können Kinder sagen: „Das bin ich",... „Das sind meine Hände", ... „so groß, so stark" ...

Abdrücke für kleine Hände

Alter/Entwicklungsstand: ab 1,5 Jahre
Mitspieler: 2-4 Kinder
Material: Fingerfarbe, Tapetenrolle, Malkittel, Lappen, abwaschbare Decke
Ort/Raum: Gruppenraum (z. B. Malecke) oder Freigelände
Spielanleitung: Streichen Sie die Hände der Kleinen mit Fingerfarbe ein. Drücken Sie die Hände auf ein großes Stück Tapetenrolle. Später können die Kinder selber auf dem Papier herum „patschen".

Stempelspiele

Tipp: Lassen Sie die Kinder die Hände gegeneinander reiben, als würden sie „Hände waschen". Das verteilt die Stempelfarbe gleichmäßig.
Groß und Klein zusammen: Ein großes Kindergartenkind und ein Krippenkind arbeiten zusammen. Das große Kind hilft beim Einstreichen der Hände.

Praktische Tipps für „Hand-Arbeiter"

- Machen Sie Fingerabdrücke von allen Kindern der Gruppe und kleben Sie neben jeden Abdruck das Foto des betreffenden Kindes.
- Wer möchte mal auf Tortenspitze oder Papierservietten drucken? So entstehen „Deckchen" für den Frühstückstisch. Wer druckt auf Packpapier oder Druckerpapier? Anschließend wickeln wir Geburtstagsgeschenke darin ein.
- Mit den Handabdrücken lassen sich auch große und kleine Pappkartons, Papphäuser, Fensterscheiben und Glastüren bedrucken, ebenso Bettlaken, die als Decke, Zelt oder Tisch-Versteck benutzt werden.
- Schneiden Sie fertig getrocknete Hand- (und Fuß-)Abdrücke mit der Schere aus. Knoten Sie einen Faden daran, und hängen Sie die Abdrücke als Mobile unter die Decke.
- Fußabdrücke machen Sie am besten im Sommer draußen im Garten.

Finger-Spaß

Alter/Entwicklungsstand: ab 2 Jahre
Mitspieler: 2-4 Kinder
Material: Fingerfarbe, große Papierbögen, Malkittel, Lappen
Spielanleitung: Geben Sie jedem Kind etwas Fingerfarbe auf eine Fingerspitze und drücken Sie den Finger anschließend einige Male auf das Papier. So sieht jedes Kind, welche Druckeffekte es mit den eigenen Fingern erzeugen kann. Überlassen Sie es den Kindern, ob sie diese Idee aufgreifen, von sich aus die Finger in Farbe tauchen und wiederholt auf das Papier „stupsen".

Groß und klein zusammen: Fingerabdrücke eignen sich zur Darstellung von Schnee und Regentropfen (besonders auf schwarzem Papier mit weißer Farbe).
Für die großen Kindergartenkinder können Sie Figuren aus Karton ausschneiden (Haus, Baum, Blume, Schneemann, …), die von den Kindern mit Fingerdruck ausgefüllt werden.
Tipp: Wie wäre es mit einer großen Sonne für den Gruppenraum? Zeichnen Sie einen Kreis auf weißen Karton. Die Kinder stempeln die Sonne mit ihren Fingern und gelber bzw. orangefarbener Fingerfarbe aus.

Schwämme, Korken – und was sonst noch stempelt

Haben die Kinder erste Druckerfahrungen mit den eigenen Händen gemacht, so können sie jetzt einfache Materialien als Hilfsmittel verwenden.

Schwamm – Schwamm

Alter/Entwicklungsstand: ab 2,5 Jahre
Mitspieler: 1-4 Kinder
Material: Auto- bzw. Badeschwämme (zerschnitten in verschiedenen Größen), mehrere Plastikschüsseln, Finger- oder Temperafarbe, große Malblätter, Malkittel, abwaschbare Decke
Spielanleitung: Fingerfarbe oder Temperafarbe in Schüsseln mit Wasser anmischen. Schwämme hineinlegen, und schon geht es los! Mit den Schwämmen kann man wischen, stempeln und malen, gerade wie es beliebt.
Groß und klein zusammen: Geben Sie den Kindern Blau- und Grüntöne zum Stempeln und Wischen. Nach dem Trocknen können die großen Kindergartenkinder Fische ausschneiden oder basteln und auf den blau-grünen Untergrund kleben – ein Wand-Aquarium für den Gruppenraum.

Korken, Pappe und Co.

Alter/Entwicklungstand: ab 3 Jahre
Mitspieler: 1-4 Kinder
Material: viele Korken, Wellpappe, Seidenpapier, Styropor u. ä., Fingerfarbe (in Schälchen), große Malblätter, Paketschnur oder Klebeband, Malkittel
Spielanleitung: Tauchen Sie einen Korken in ein Schälchen mit Fingerfarbe und zeigen Sie den Kindern, wie man ihn als Stempel verwenden kann.
Auch Wellpappe eignet sich – gerade zusammengerollt und mit Schnur oder Klebeband umwickelt – als idealer Stempel für kleine Hände.
Weitere Materialien zum Drucken können z. B. dicke Papierkugeln, Styroporreste, dicke Pinsel (auch alte und gebrauchte) sein.
Hinweise: Geben Sie den Kindern zunächst nur eine Art Material zum Stempeln. Später können Sie weitere Materialien anbieten. Wenn Kinder mit den Stempeln malen anstatt damit zu drucken, so lassen Sie sie dies ausprobieren!

„Simsalabim": Schnelle Effekte zum Staunen

Das gibt es nur einmal: Diese Drucke lassen sich nicht wiederholen. Jeder Abdruck sieht anders aus! Farbe wird auf einen flachen Untergrund gegeben (gespritzt, gestrichen, …), ein Blatt Papier darüber gelegt, angedrückt, vorsichtig abgezogen und: Fertig ist der Abdruck.

Klitsch-Klatsch-Bilder

Alter/Entwicklungsstand: ab 2 Jahre
Mitspieler: 1-4 Kinder
Material: große Malblätter, Fingerfarbe, (eventuell Pinsel), Malkittel, abwaschbare Tischdecke
Spielanleitung: Teilen Sie ein Blatt Papier in zwei Hälften, indem Sie es in der Mitte falten und anschließend wieder aufklappen. Nun geben die Kinder auf eine Seite des Blattes Fingerfarbe (mit den Händen/Fingern oder mit einem Pinsel), und die Zauberei beginnt: Das Blatt wird zusammengeklappt, glatt gestrichen und wieder geöffnet. Wir betrachten das Ergebnis gemeinsam.
Hinweis: Kinder klappen manchmal gerne fertig gemalte Bilder zusammen oder fal-

ten sie sogar ganz klein. Nicht selten reagieren Erwachsene mit Sätzen wie: „Warum machst du das jetzt? Das schöne Bild!" Für das Kind geht es jedoch nicht um das „schöne Bild". Es probiert die vielfältigen Möglichkeiten des Materials in immer neuen Variationen.

Einmal-Drucke

Alter/Entwicklungsstand: ab 2,5 Jahre
Mitspieler: 1-4 Kinder
Material: Fingerfarbe bzw. Temperafarbe (am besten in Flaschen), Malpapier (oder Spiegel, glatte Hartfaserplatte, Plastikfolie), Wassergläser, Malkittel
Spielanleitung: Geben Sie ein paar Spritzer Farbe auf einen glatten, flachen Untergrund (Papier, Spiegel, Folie). Nun legen die Kinder ein Stück weißes Papier direkt darauf, streichen mit den Händen darüber. Dann das Papier wieder abziehen. Mal schauen, was sich jetzt auf dem weißen Blatt gebildet hat.
Variation: Die Kinder streichen mit einem dicken Pinsel mit Wasser vermischte Temperafarbe auf einen flach liegenden Spiegel. Dann drücken sie ein weißes Blatt darauf und ziehen es anschließend vorsichtig wieder ab. Zauberhaft transparente Farbeffekte können so entstehen. Zum Trocknen das Papier auf viele Zeitungen legen.

Backe, backe Kuchen: Matschen und formen

Weiche Modelliermassen geben unter den Händen nach, lassen sich verformen und verschmieren, erlauben es dem Kind, die eigenen Gefühle und Bedürfnisse in die Hände und ins Material „fließen" zu lassen. Diese Möglichkeiten geben dem Kind Selbstvertrauen. Nichts scheint endgültig. Im Handumdrehen lässt sich das geformte Gebilde wieder zerstören, umformen, erneuern.

Spielen mit Knete und (Back-)Teig

Selbst gefertigte Spielknete ist garantiert ungiftig und „verträglich". Sie lässt sich – mit einfachen Mitteln konserviert – oft über längere Zeit im Kühlschrank aufbewahren. Back-Teige sind für Kleinkinder besonders reizvoll. Da heißt es: Kneten, ausrollen, formen und „ab in den Backofen!" Das fördert die Feinmotorik und spricht die Sinne an. Auch erste Symbol- und Rollenspiele (Wir sind „Bäcker", „Eisverkäufer" ...) lassen sich daraus entwickeln.

Wolkenteig

Alter/Entwicklungsstand: ab 1 Jahr
Mitspieler: 1-4 Kinder
Material/Zubereitung: 3 Tassen Mehl, 2 Tassen Wasser und 2 EL Öl vermischen und durchkneten. Eventuell Lebensmittelfarbe hinzufügen (oder Kakao, Kirschsaft ...).
Ort/Raum: Gruppenraum (Fußboden – auf einer abwaschbaren Plane oder Decke)
Hinweis: Der Teig ist „butterweich". Weil Salz als Bindemittel fehlt, ist er auch schon für die ganz Kleinen geeignet.
Spielanleitung: Geben Sie jedem Kind den Wolkenteig in die Hand, damit es zunächst einmal spüren kann, wie er sich anfühlt. Beobachten Sie, was die einzelnen Kinder von sich aus damit tun!

„Matschen mit Essen" – ein heikles Thema?

Viele Babys und Kleinkinder matschen gern mit dem Essen herum. Einerseits könnte man dies als ersten Schritt in Richtung „kreative Materialerfahrung" betrachten.

Andererseits gibt es in jeder Gruppe klare Regeln, und eine davon lautet meist: „Mit Essen bitte nicht spielen!" Deshalb vertragen auch Kleinkinder ein deutliches „Nein", wenn das Essen statt in den Mund durch die Gegend befördert wird. Andererseits sollte man ihnen mit Nachsicht begegnen, denn schließlich brauchen Lernprozesse ihre Zeit.

Sie können das Matsch-Bedürfnis der Kleinen in verträgliche Bahnen lenken, wenn Sie ihnen ausreichend weiche Knete, Ton und Sand anbieten.

Bitte im Team und mit den Eltern diskutieren, ob Lebensmittel (z. B. Mehl) überhaupt bei der Zubereitung von Knete verwendet werden sollten! Aus ethischen Gründen ist dies sicherlich bedenklich. Andererseits sind essbare Bestandteile garantiert ungiftig.

Salzteig: Die ganz schnelle Knete

Alter/Entwicklungsstand: ab 2 Jahre
Mitspieler: 1-4 Kinder
Hinweise: Salzteig ist nichts für Babys und Kleinst-Kinder bzw. für Kinder, die noch vieles in den Mund stecken (Für sie bitte „Wolkenteig" vorbereiten! Rezept siehe S. 37).
Material/Zubereitung:
2 Tassen Mehl, 1 Tasse Salz und 1 Tasse Wasser in einer Schüssel vermengen, zu einem geschmeidigen Teig verkneten. (Haltbarkeit: ca. 1 Monat in einem luftdichten Behälter im Kühlschrank)
Ort/Raum: Gruppenraum
Spielanleitung: Geben Sie jedem Kind eine kleine Menge Teig. Beobachten Sie, was die Kinder von sich aus damit tun.
Variation: Geben Sie den Kindern einfache Geräte (Stöckchen, Hölzer, Löffel, ...), um den Teig zu bearbeiten.

Matschen und formen

> **Extra-Tipp: Haltbare Knete** (ab 2 Jahre)
> 400g Mehl, 200g Salz und 2 EL Alaunpulver (Apotheke) oder 2 TL Weinsteinsäure vermengen. 0,5 l kochendes Wasser, 3 EL Speiseöl und Lebensmittelfarbe (oder farbigen Saft) hinzufügen und alles mit dem Handrührgerät verkneten.
> Mit Konservierung (Alaunpulver/Weinsteinsäure) hält sich die Knete ca. 1/2 Jahr – luftdicht verpackt – im Kühlschrank.

Bitte beachten: Die gekneteten Figuren können am Ende von den Kindern wieder „zerstört" oder haltbar gemacht werden (mehrere Tage an der Luft bzw. auf der Heizung trocknen lassen oder – je nach Größe/Dicke – bei 130-150 Grad zwischen 30 und 60 Minuten im Backofen backen).

Gestalten mit Plastilin

Alter/Entwicklungsstand: ab 2,5 bzw. 3 Jahre
Mitspieler: 1-4 Kinder
Material: Plastilin-Kinderknete (dauerelastisch, ohne Vorkneten, möglichst auf Pflanzenbasis), eventuell Knetbretter
Ort/Raum: Gruppenraum
Spielanleitung: Vielleicht geben Sie jedem Kind eine Stange Knete und lassen frei damit experimentieren. Je weicher die Knete ist, desto besser.
Hinweise:
- Kleinkinder mischen oft verschiedene Knet-Farben zu einer braunen Einheitsknete. Dies ist ganz natürlich und bei fast allen Kindern zu beobachten.
- Knethölzer oder Knetmesser zunächst zurückhalten. Erst die eigenen Hände benutzen. Später können die Kinder mit Hilfsmitteln hantieren.
- Gestaltungstipps für Kinder ab 3 Jahren: Obst und einfache Nahrungsmittel kneten, ebenso einfache Tiere wie Schlange, Krokodil, Schnecke, die sich aus Grundformen wie Kugel, Walze ... gut entwickeln lassen.

Tonwerkstatt für kleine Hände

Ton ist ein ursprüngliches, natürliches, erdiges Material und fasziniert kleine Kinder genauso wie Gartenerde, Matsch und Sand. Ton ist allerdings etwas kompakter als Spielteig oder Plastilin und lässt sich nicht ganz so leicht bearbeiten, zumal er nach einiger Zeit auszutrocknen beginnt. Dann müssen Sie den Kindern helfen: ein paar Löcher in den Tonklumpen hineinbohren, etwas Wasser angießen und verkneten. Ton ermöglicht taktile, kinästhetische Erlebnisse und ein prozesshaftes, affektives Gestalten. Aus diesem Grund ist er z. B. für Kinder mit Wahrnehmungs- bzw. motorischen Störungen besonders geeignet.

Experimentieren mit Ton

Alter/Entwicklungsstand: ab 2,5 Jahre
Mitspieler: 1-4 Kinder
Material: 1 Stange Ton (reicht für mehrere Gruppen), Plastikfolie, Schälchen mit Wasser
Ort/Raum: Gruppenraum (am Tisch oder auf der Erde, mit untergelegter Plastikfolie)
Spielanleitung: Lassen Sie die Kinder den Ton zunächst nur mit den Händen bearbeiten. Verzichten Sie erst einmal auf Modellierhölzer o. ä. Die taktilen Erfahrungen sind unverzichtbar. Wie bei allen anderen Gestaltungstechniken gilt auch hier: keine formvollendeten Figuren erwarten.
Variation: Wenn die Kinder genügend mit den Händen experimentiert haben, können Sie später Hilfsmittel (Stöcke, Gabeln, stumpfe Messer, Teigrollen ...) anbieten.
Tipp: Bauen Sie einen „Wald". Dazu können die Kinder den Ton flachklopfen und Stöcke, Zweige, Blätter, Tannenzapfen u. ä. hineinstecken. Flachgeklopfter oder -gewalzter Ton eignet sich auch für Hand- und Fußabdrücke der Kinder.
Groß und klein zusammen: Ältere Kinder (ab ca. 3 Jahren) beginnen damit, gegenständlich zu arbeiten (z. B. einfache Tiere, Gebrauchsgegenstände für die Puppenküche, Obst und Gemüse für den Kaufladen). Wie wäre es mit einem Kerzenleuchter? Die Kinder rollen den Ton zu einer Kugel, drücken sie flach und anschließend mit dem Daumen eine Vertiefung in die Mitte. Zur Probe eine Kerze hineinstellen!
Hinweise: Ton muss verschlossen aufbewahrt werden (Plastiktüte, Behälter mit Deckel). Eventuell einen nassen Lappen darum wickeln! Wenn die Kinder ihre Figuren auf-

heben möchten, so sollten diese möglichst langsam in einem kühlen Raum eine gute Woche lang trocknen (z. B. auf Zeitungen). Die fertigen Produkte sind zerbrechlich. Sollen die Formen dauerhaft haltbar sein, ist Brennen nötig (Sie können sie auch extern in einem Tonofen mitbrennen lassen).

Sandspiele für drinnen und draußen

Für das Kleinkind erweist sich besonders der Sandkasten als ein wunderbarer Greifraum. Es kann in die Tiefe hinein „buddeln" und das „ergriffene" Material gleich gestalten. Darüber hinaus ist Sand angenehm auf der Haut und bietet dem Kind ganzheitliche Körper- und Sinneserfahrungen.

Sand-Spieltisch im Raum

Alter/Entwicklungsstand: ab 2 Jahre
Mitspieler: 1-4 Kinder
Material: sauberer Spielsand oder Vogelsand, großer, flacher Karton, Plastikwanne oder Autoreifen (Ventil abkleben) Plastikplane(n), zusätzlich: leere Joghurtbecher, Löffel, …
Ort/Raum: Nebenraum, Bewegungsraum
Spielanleitung: Stellen Sie 1-2 flache Kisten oder Wannen auf einen Kindertisch oder auf die Erde und füllen Sie Sand hinein. Stehend, sitzend oder hockend können die Kinder nun mit den Händen im Sand „wühlen" oder mit Joghurtbechern und Löffeln experimentieren.
Variation: Nehmen Sie statt der Kisten einen alten Autoreifen, den Sie auf ein großes Stück Plastikfolie stellen. Legen Sie weitere Plastikfolie in die Mitte des Reifens und über den Rand und füllen Sie ihn mit Spielsand.
Groß und klein zusammen: Die Großen können eine Murmelbahn für die Kleinen im Sand bauen (Murmeln purzeln durch Papprohren in den Sand). Auch ein Bauernhof oder Zoo mit Spieltieren wären denkbar.

Tipps für den Außenbereich (schon ab 1 Jahr)

- Sandkästen sollten nicht nur groß, sondern auch tief sein (ca. 50 cm). So können Kinder auch in die Tiefe schaufeln, bohren und graben.
- Neben fertigem Sandspielzeug lieben Kleinkinder vor allem Küchengeräte (Löffel, Plastikschüsseln, Töpfe, Kuchenformen, Siebe, Trichter, leere Joghurtbecher) und Naturmaterialien (große Muscheln, Stöckchen, Zweige, Blätter, ...).
- Sorgen Sie für einen Wasseranschluss (mit Schlauch) bzw. einen Wassertrog (mit Gießkannen). Ideal ist eine separate Matschmulde mit Sand und Wasser. Flüssiger Sandbrei lässt sich ganz anders verarbeiten als trockener Sand (Matschhosen bereit halten!).

Zum Anfassen: Fühl-Bilder

Bilder zum Anfassen – im wahrsten Sinne des Wortes. Plastische Bilder oder Reliefs sind nicht nur bei der Herstellung ein interessantes „Matsch-Erlebnis". Darüber hinaus können die Kinder gesammelte Schätze hineinarbeiten und haltbar machen. Nach dem Trocknen behalten die Bilder meist ihre Form und Oberflächenbeschaffenheit und fordern den Tastsinn in besonderer Weise heraus.

Sandmännchens Malwerkstatt

Alter/Entwicklungsstand: ab 2,5 Jahre
Mitspieler: 1-4 Kinder
Material: Tapetenkleister, sauberer Sand, Plastikschüssel, kleine Plastikflaschen, Packpapier, Zeitungen/Plastikfolie (zum Abdecken)
Ort/Raum: Gruppenraum, Freigelände
Spielanleitung: Rühren Sie den Kleister mit so viel Wasser an, dass er dünnflüssig bleibt. Füllen Sie den Kleister in Plastikflaschen (eventuell mit Trichter). Breiten Sie große Bögen Packpapier aus, und spritzen Sie mit den Kindern den flüssigen Kleister in Punkten, Klecksen oder Linien auf das Blatt. Die Kinder können natürlich statt der

Flaschen auch ihre Finger nehmen! Anschließend können sie das Blatt mit Sand bestreuen oder Sand darauf sieben.
Wenn Sand und Kleister getrocknet sind: Bild hochnehmen und restlichen Sand abschütteln. Zurück bleiben fest angetrocknete Sand-Kleister-Spuren.
Groß und klein zusammen: Für ältere Kinder mischen Sie Farbpulver oder Glimmer in den Sand!

Sand-Kleister-Relief

Alter/Entwicklungsstand: ab 2,5 Jahre
Mitspieler: 1-4 Kinder
Material: sauberer Sand, Tapetenkleister, Plastikschüssel, Deckel von Schuhkartons oder Dosen, gesammelte „Schätze" (z. B. Muscheln, Steinchen, Kastanien, Tannenzapfen, Knöpfe, Kronkorken, Stöckchen, ...), Abdeckfolie
Ort/Raum: Gruppenraum, Freigelände
Spielanleitung: Rühren Sie Tapetenkleister nach Packungsanleitung mit Wasser in einer Schüssel an. Geben Sie anschließend so viel Sand hinzu, dass ein streichfähiger Brei entsteht (bitte nicht zu flüssig). Die Kinder dürfen mit den Händen in dem Brei herumrühren und ihn nach Herzenslust befühlen. Dann können sie den Deckel eines Schuhkartons oder einer Dose mit dem Sand-Kleister-Brei füllen (helfen Sie dabei oder lassen Sie ältere Kinder helfen). Anschließend dürfen die Kleinen selbständig Muscheln, Knöpfe o. ä. hineindrücken. Bitte etwa eine Woche trocknen lassen.

Bilder aus Gips und Kitt

Alter/Entwicklungsstand: ab 2,5 Jahre
Mitspieler: 1-4 Kinder
Material: Deckel von Marmeladengläsern oder Käseschachteln (alternativ: Eierkartons, fertige Bilderrahmen oder Mini-Pinnwand), Gips oder Fensterkitt, gesammelte „Schätze" (z. B. Bohnen, Perlen, Steinchen, Stöckchen, Kastanien, Muscheln, ...)
Ort/Raum: Gruppenraum
Spielanleitung: Den Gips oder Kitt nach Packungsanleitung herstellen und in Deckel, Bilderrahmen oder Eierkarton gießen bzw. drücken. Die Kinder pieksen die gesammelten „Schätze" hinein, wie sie möchten. Nach dem Trocknen für Tastübungen verwenden oder im Gruppenraum aufhängen.

7.

Schnipp-schnapp:
Klebespaß mit allerlei Material

Kinder haben meist großes Interesse an Papier. Sie beobachten, wie andere darauf zeichnen oder schreiben, wie sie Zeitungen lesen, wie sie Papier zerschneiden, zerreißen, knüllen, kleben. Papier ist geduldig. Es eignet sich besonders für die ersten Funktions- und Experimentierspiele.

Ritsch-ratsch: Papier reißen und knüllen

Es sieht kinderleicht aus, ist es aber gar nicht. Zerreißen von Papier erfordert feinmotorisches Geschick und sogar etwas Kraft. Manchmal ist es besser, wenn Sie Papiere zuvor in Streifen schneiden oder reißen. Dann können die Kinder einfach weiter reißen, pflücken oder knüllen.

Da fliegen die Fetzen

Alter/Entwicklungsstand: ab 1 Jahr
Mitspieler: Kleingruppe
Material: verschiedene Papiere (Seidenpapier, Zeitungen, Prospekte, gebrauchtes Druckerpapier, ...)
Ort/Raum: Bewegungsraum, Gruppenraum
Spielanleitung: Bei ganz kleinen Kindern sollten Sie das Papier schon vorbereiten (in Streifen schneiden). Ältere Kinder wollen vielleicht selber schneiden/reißen.
- Viele Schnipsel werden einfach in die Höhe geworfen. Sie fallen wie Regentropfen oder Schneeflocken auf den Boden.
- Wer kann die Schnipsel wieder aufheben und einsammeln (z. B. in Pappkartons)?
- Wer kann Papierstreifen zerknüllen? Die Kugeln benutzen wir wie Bälle: rollen, werfen, ... Im Winter spielen wir „Schneeballschlacht" mit dicken Papierkugeln im Raum.
- Toilettenpapier ausrollen, hinterher krabbeln, zerfetzen, ...
- Wer möchte sich auf die Erde legen und sich mit Papier zudecken lassen?
- Wir füllen Wannen oder ein aufblasbares Plantschbecken mit Papierschnipseln und „baden" darin.

Klebespaß mit allerlei Material

- Wir fahren mit dem Rutschauto durch eine Mauer aus Zeitungspapier.
- Wir lassen uns ringsum in Papier einwickeln und springen dann aus unserem „Kleid".
- Wir bekleben Gymnastikreifen vollständig mit Seidenpapier und krabbeln/springen als Tiger hindurch.
- Wir bauen ein Zeitungshaus. Dazu bekleben wir einen Kindertisch ringsum von Tischbein zu Tischbein mit Zeitung (Klebeband verwenden). Bevor das Haus fertig ist, krabbeln einige Kinder hinein. Dann ist plötzlich alles ringsum zu. Wie kommen wir wieder heraus?

Schnipp-schnapp: Mit der Schere unterwegs

Schon Kleinkinder können ein stumpfes Messer (z. B. zum Zerschneiden von Knete) oder eine abgerundete, aber gut schneidende Kinderschere für Papier benutzen. Viele Kinder halten eine Schere zunächst mit beiden Händen. Es kann hilfreich sein, wenn Sie dem Kind das zu schneidende Papier (zwischen beiden Händen fest gespannt) entgegenhalten. Kinder, die schon etwas weiter sind und nur mit einer Hand schneiden, brauchen manchmal Ihre direkte Unterstützung, indem Sie mit ihnen gemeinsam die Schere führen. Beherrschen sie die Technik erst einmal, scheint nichts mehr vor den kleinen Schnipselfingern sicher zu sein. Jetzt müssen die Kinder klar unterscheiden lernen, was der Schere zum Opfer fallen darf und was nicht. Übrigens: Schneiden mit der Schere ist eine wichtige feinmotorische Leistung, die in der Krippe bzw. im Kindergarten ausreichend geübt werden sollte.

Das neugierige Schneiderlein

Alter/Entwicklungsstand: ab 2,5 Jahren
Mitspieler: 1-4 Kinder
Material: 1-4 Kinderscheren, verschiedene feste Papiersorten (z. B. Zeitungen, Prospekte), Strohhalme, Wollreste
Ort/Raum: Gruppenraum
Hinweis: Beim Schneiden darf es anfangs ruhig „krumm und schief" zugehen.
Spielanleitung: Vielleicht zeigen Sie den Kindern zunächst die Technik des Schneidens bzw. assistieren dabei. Dann lassen Sie die Kleinen es selbst probieren. Neben Papier

können Sie den Kindern auch Strohhalme oder Wollfäden zum Zerschneiden geben (Fäden am besten festhalten und spannen).
Groß und klein zusammen: Die großen Kindergartenkinder fädeln die abgeschnittenen Strohhalmstücke mit Nadel und Nylonfaden zu einer Kette auf. Zerschnittene Wollfäden können die Kinder auf ein mit Kleister bestrichenes Blatt streuen oder legen und zu einer Wollfaden-Collage zusammenfügen.

Raumschmuck schnipseln

* Wer möchte eine Girlande für den Raum schneiden helfen? Schneiden Sie Krepppapier in dicke Streifen, legen Sie es dann in mehreren Lagen übereinander und lassen Sie es die Kinder mit der Schere von unten nach oben fransenförmig einschneiden.
* Fertigen Sie mit den Kindern eine kleine Decke für die Puppenecke oder den Frühstückstisch (die Kinder schneiden festes Papier oder Servietten ringsum mit der Schere ein – eventuell mit Fingerfarbe verzieren).

Klebebilder aus der Sammelkiste

Sammeln Sie möglichst unterschiedliche Papierreste, Prospekte und Kataloge in einer speziellen Kiste. Auch andere interessante Materialien, z. B. Tortenspitze, Gold- und Silberfolie, Regenbogenpapier, Reste von Geschenkpapier, Tapetenreste, Stoffe, Federn, Blätter, ... können in Papierklebebilder eingefügt werden.

Kunststück – stückchenweise

Alter/Entwicklungsstand: ab 2,5 Jahre
Mitspieler: 1-4 Kinder
Material: Reste von farbigem Bastelpapier, Geschenkpapier, Prospekt- und Katalogseiten, Schere, Klebstoff (Tapetenkleister bzw. Klebestift), weißes Papier (z. B. gebrauchtes Druckerpapier), evtl. Pappteller

Klebespaß mit allerlei Material

Ort/Raum: Gruppenraum (z. B. Maltisch)
Spielanleitung: Die Kinder dürfen sich ihre Lieblings-Papiere aussuchen. Dann heißt es: Reste klein reißen oder schneiden und auf weißes Papier legen. Mal schauen, wie das aussieht! Besonders reizvoll sind verschiedene Geschenkpapiere oder Prospekte mit Abbildungen darauf. Wer kann etwas zu den Bildern erzählen? (Sprachförderung)
Variation: Wir streichen unser Blatt dünn mit Tapetenkleister ein. Dann lassen wir viele Papierschnipsel auf das Blatt rieseln. Wir können die Schnipsel auch gezielt an eine Stelle legen und fest drücken. Trocknen lassen und fertig! Als zusätzliche Materialien zum Kleben können Sie verwenden: Konfetti, Tortenspitze, Stoffreste, Federn, ...
Tipp: Die Kinder bekleben Pappteller mit Schnipseln. Die beklebten Teller lassen sich zum Spielen verwenden (z. B. als „Schläger" für Luftballons oder Softbälle). Oder die Kinder gestalten Masken. Zeichnen Sie Augen, Nase, Mund auf den Pappteller. Die großen Kinder schneiden das Vorgezeichnete mit einer spitzen Schere aus (Anfang bitte vorbohren!). Zum Schluss wird das Teller-Gesicht mit lustigen Schnipseln beklebt. Mit Schnipseln kann man auch Käseschachteln bekleben, die sich als „Schatzkästchen" verwenden lassen.
Wie wäre es mit einem Schnipsel-Fensterbild? Einfach ein Stück Fensterscheibe mit Tapetenkleister einstreichen. Dann drücken die Kinder unterschiedliche Schnipsel (z. B. von Transparentpapier) darauf.

Kleben! – Aber womit?

- Ideal sind „Vielzweckkleber" (verwenden Sie immer lösungsmittelfreie, schnell auswaschbare).
- Für Kleinkinder bieten sich besonders Klebestifte an (gibt es auch mit abgeflachter Spitze).
- Tapetenkleister ist eine sinnvolle Alternative zu gekauftem Klebstoff (lässt sich gut vorbereiten und in Schraubgläsern aufheben).
- Man kann auch Mehl und Wasser zu gleichen Teilen mischen und verrühren (eventuell aufkochen). Dies ist besonders bei Allergien gegen Klebstoff zu empfehlen.
- Übrigens: Kinder lieben Experimente mit durchsichtigem Klebeband (Papierschnipsel damit auf Papier festkleben, Papier falten, zukleben u. ä.).

Die praktische Papierwerkstatt: Geschnipseltes zum Spielen und Schmücken

Aus Papier und Pappe lassen sich viele praktische Dinge herstellen. Kinder sind besonders erfreut und stolz, wenn die selbst gestalteten Werke auch noch im alltäglichen Leben und Spielen verwendet werden können.

Endlos-Ketten

Alter/Entwicklungsstand: ab 3 Jahre
Mitspieler: 1-4 Kinder
Material: Buntpapier (auch Goldpapier), Klebestifte, Scheren
Ort/Raum: Gruppenraum
Spielanleitung: Schneiden Sie aus einem Papier in DIN-A5-Format viele senkrechte Streifen von etwa 2 cm Breite.
Nun kann sich jedes Kind einen Papierstreifen nehmen, ihn an einem Ende mit Klebestift einstreichen und das andere Ende so darauf kleben, dass ein Ring entsteht. Dann wird durch den Ring ein weiterer Papierstreifen geführt, ebenso mit Klebestift eingestrichen und ringförmig geschlossen. Anschließend wird wieder ein Streifen durch den zweiten Ring geführt usw. So entstehen die Glieder einer Kette, die ineinander greifen.
Groß und klein zusammen: Die Kette kann zu einem gemeinsamen Projekt von älteren und jüngeren Kindern werden.
Hinweise: Hängen Sie die Kette als „Girlande" an die Wand oder quer durch den Raum.

Windspiel aus Papierstreifen

Alter/Entwicklungsstand: ab 3 Jahre
Mitspieler: 1-4 Kinder
Material: mehrere runde Käseschachteln, Kinderscheren (ausreichend scharf), Bindfaden, Krepppapier (in verschiedenen Farben), Kleister
Ort/Raum: Gruppenraum
Spielanleitung: Legen Sie ein Stück Krepppapier doppelt oder dreifach übereinander auf den Tisch. Das jeweilige Kind soll versuchen, gerade am Rand entlang einen Streifen Papier abzuschneiden. Dabei hält am besten die Erzieherin oder ein älteres Kind das

Papier mit beiden Händen „unter Spannung". So kann das Kind sicherer schneiden. Die Streifen sollten ca. 3 cm breit und etwa ½ Meter lang sein. Haben die Kinder genügend Streifen geschnitten, so kann die Fertigung des Windspiels beginnen:
Dazu lösen Sie den Boden aus einer Käseschachtel heraus und kleben gemeinsam mit den Kindern ringsum viele bunte Krepppapierstreifen von außen an dem Pappring der Schachtel fest.
Jetzt heißt es nur noch: Windspiel aufhängen! Dazu knoten Sie 3 Bänder ringsum an dem Pappring fest und führen sie in der Mitte zusammen. Sie können das Spiel draußen an einen Ast hängen oder vor dem Fenster flattern lassen.

Die Zauberflöte

Alter/Entwicklungsstand: ab 2,5 Jahre
Mitspieler: 1-4 Kinder
Material: mehrere Papprollen (Haushaltsrolle), 1 Stück Transparentpapier, bunte Papierreste, Kleister
Ort/Raum: Gruppenraum
Spielanleitung: Die Kinder geben ein wenig Kleister auf eine Papprolle und drücken große Papierstücke (Bunt- oder Transparentpapier) darauf. Wenn die Rolle ringsum bunt beklebt ist, wird sie zum Trocknen weggelegt.
Nach dem Trocknen wird die untere Öffnung der „Flöte" mit Transparentpapier und Kleister zugeklebt (kreisrundes Stück Transparentpapier ausschneiden, einkleistern, als Boden unter die Papprolle kleben – überstehende Papierränder mit der Schere ringsum abschneiden).
Anschließend die „Zauberflöte" noch einmal trocknen lassen.
Dann einfach ausprobieren: hinein rufen, pusten, singen, ... Das Papier vibriert und erzeugt interessante Knistertöne.

Stein auf Stein: Bauen und montieren

Bauen ist eine dreidimensionale Form des Gestaltens, die – in Vorstufen – bereits Anfang des zweiten Lebensjahres einsetzt. Jetzt stellen Kinder zwei, später mehrere Klötze übereinander und juchzen manchmal begeistert, wenn das Gebaute umfällt oder umgestoßen wird. „Einstürzende Neubauten" bilden für die Kinder eine wichtige Erfahrung der Gesetze der Physik und sind somit unverzichtbar. Setzen Sie deshalb nicht zu früh auf stabile Steckbausteine, die fest sitzen und kaum umfallen.

Budenzauber für Baumeister

Neben fertigen Bausteinen (z. B. Fröbel-Bausteinen) bieten sich in der Umwelt viele Materialien an, die für Bauspiele genutzt werden können. Interessant sind Werkstoffe mit unterschiedlichen Eigenschaften: Pappschachteln, Eierkartons, Vorratsdosen, Joghurtbecher, Plastikschüsseln, Schwämme, Kunststoffkisten, kleine Körbe, Schuhkartons, Kissen, ... Auch Naturmaterialien sind ideale Hilfsmittel für Bauspiele, da sie kaum symmetrisch sind und deshalb besondere Geschicklichkeit verlangen.

Schutt abladen erwünscht

Alter/Entwicklungsstand: ab 2,5 Jahre
Mitspieler: 1-4 Kinder
Material: Bobbycars und Anhänger (z. B. leere Kartons), Paketschnur, Müll (z. B. Verpackungs-Styropor, Schaumstoffelemente, alte Kataloge, Schachteln, Pappröhren, Bierdeckel, Eierkartons, ...), evtl. Rollbrett
Tipp: Sie bauen ein Auto selber, indem Sie einfach eine Kiste auf ein Rollbrett stellen. Zum Transport wird das Rollbrett geschoben oder (mit Band) gezogen.
Ort/Raum: Gruppenraum (Bauecke), Flur, Nebenraum
Spielanleitung: Jedes Kind erhält ein „Auto" mit Anhänger (Kiste an Seil befesti-

gen und an das Auto knoten). Nun heißt es: Müll in den Hänger laden und in die Bauecke oder an einen anderen Ort fahren. Allein der Transport des Materials verlangt viel Geschicklichkeit. Nachdem ein ganzer Berg von Baumaterial (z. B. in der Bauecke) aufgetürmt ist, gehen die „Bauarbeiter" ans Werk. Jetzt werden die Materialien näher untersucht und ausprobiert, aufeinander getürmt und wieder umgeworfen.

Variation: Nach dem Spiel wird das ganze Material abtransportiert (z. B. auf einer Decke oder einem Bettlaken).

Die Natur als Baumeister

Alter/Entwicklungsstand: ab 2,5 Jahre
Mitspieler: 1-4 Kinder
Material: Stücke von Ästen (am besten gleichmäßig sägen lassen), Stöckchen, mittelgroße Kieselsteine, Muscheln, Kastanien, Tannenzapfen
Ort/Raum: Gruppenraum (z. B. Bauecke), Freigelände
Tipp: Sägen Sie Äste (4-6 cm Durchmesser) in etwa gleich große Stücke (5-6 cm Länge). Sie verwandeln sich in griffige Bausteine, wenn Sie das Holz dünn mit Holz-Öl (auf Bienenwachsbasis) einreiben.
Hinweise: Naturmaterialien sind keineswegs so standfest wie fertig gekaufte Bausteine. Darin liegt aber gerade ihr Reiz. Sie fordern das Kind heraus, beim Bauen nach neuen Lösungen zu suchen. Stellen Sie die Naturmaterialien (z. B. in einem eigenen Korb) zu den üblichen Bausteinen in die Bauecke.
Achtung: Kindern unter 3 Jahren keine Kleinstteile geben!
Spielanleitung: Die Naturmaterialien eignen sich zunächst für reine Greif- und Tastspiele. Darüber hinaus können Kleinkinder gesammelte Schätze immer wieder in Dosen und Körbchen einfüllen und ausleeren. Schließlich lassen sich die Dinge nebeneinander aufreihen und beim Spiel – neben Bausteinen und Holztieren – z. B. als Zäune, Mauern, Hügel und Bäume verwenden.

Wer will fleißige Handwerker sehn? Hämmern und schrauben

Früh übt sich, wer ein Handwerker werden will! Schon die Kleinsten ziehen mit dem Werkzeugkoffer herum, wollen hämmern, schrauben, reparieren.

Werkbank

Alter/Entwicklungsstand: ab 2,5 Jahre
Mitspieler: 1-2 Kinder
Material: 1 Pappkarton oder Styropor-Block (von Verpackungsmaterial), dazu kurze Rundhölzer, alte Buntstifte, große dicke Holzdübel, dicke Murmeln/Perlen, alte Nähgarnrollen, Hammer aus Holz (ersatzweise dicker Baustein)
Ort/Raum: Gruppenraum (z. B. Bauecke)
Spielanleitung: Bohren Sie kleine Löcher in den Karton oder Styropor-Block (nur leicht vorbohren). Nun können die Kinder kurze Rundhölzer, dicke Holzdübel, alte Buntstifte als „Nägel" in die Löcher stecken bzw. mit dem Hammer einklopfen. In größere Löcher können Holzkugeln oder alte Nähgarnrollen gesteckt werden.
Variation: Ein alter Zollstock, breiter Schraubenzieher, Wasserwaage, Kinder-Arbeitshandschuhe, Mütze oder Helm können Kinder zu richtigen Handwerkern machen.
Groß und klein zusammen: Ältere Kinder schrauben richtige Schrauben in den Karton oder in Styropor.

Garantiert selbst gemacht: Werkeleien zum Spielen

Werkeleien, die Kinder hinterher auch noch als Spielzeug einsetzen können, haben einen besonderen Reiz. So verbindet sich der kreative Herstellungsprozess mit praktischen Spielhandlungen.

Briefkasten

Alter/Entwicklungsstand: ab 2 Jahre
Mitspieler: 1-4 Kinder
Material: Pappkartons, Schere, Fingerfarben (oder Papierschnipsel, Kleister), dazu alte Briefumschläge, Prospekte, Zeitungen etc.
Ort/Raum: Gruppenraum, Flur, Nachbarräume
Spielanleitung: Wie verwandeln wir einen Pappkarton in einen Briefkasten? Wir schneiden mit der Schere einen Briefschlitz hinein. Dann malen wir den Karton mit Fingerfarben an oder bekleben ihn mit Papierschnipseln und Kleister. Nach dem Trocknen dürfen die Kinder alte Briefumschläge, Zeitungen, Prospekte u. ä. einwerfen. Zum Schluss wird der Kasten wieder ausgeleert.

Bauen und montieren

Variation: Kinder auf Bobbycars dürfen als „Briefboten" unterwegs sein. Auf diese Weise können sie auch Briefe in eine Nachbargruppe bringen.
Groß und Klein zusammen: Ältere Kindergartenkinder gestalten Malblätter und „verschicken" sie als Briefe zur Nachbargruppe. Mit Ihrer Hilfe falten sie selbst Briefumschläge und basteln Phantasie-Briefmarken.

Puppenherd für Mini-Köche

Alter/Entwicklungsstand: ab 2,5 Jahre
Mitspieler: 1-3 Kinder
Material: 1 Pappkarton, Fingerfarbe, Buntpapier, Bastelkleber, dazu Puppentöpfe, -löffel u. ä.
Ort/Raum: Gruppenraum (z. B. Puppenecke)
Hinweise: Spielen die Kleinen schon erste Rollenspiele? Spielen sie gerne Kochen, z. B. in der Puppenecke? Greifen Sie das Interesse auf und gestalten Sie mit den Kindern einen Puppenherd.
Spielanleitung: Sie können den Kindern einfach einen umgedrehten Pappkarton (mit der geschlossenen Seite nach oben) anbieten und zum „Kochen" Puppentöpfe und -pfannen oben auf den „Herd" (Karton) stellen. Als „Essen" geben Sie Nudeln, dicke Perlen o. ä.
Variation: Finden die Kinder Gefallen an dem Spiel, so gestalten Sie den Herd noch weiter. Knöpfe zum Ein- und Ausschalten des Herdes deuten Sie mit leeren Nähgarnrollen oder Papprollen (z. B. von Toilettenpapier) an. Auch kleine Plastikdosen können zu Drehknöpfen werden (zuvor Löcher in den Karton schneiden).
Soll der Herd bunt sein? Die Kinder verzieren ihn mit Fingerfarbe oder kleben Buntpapierschnipsel mit Bastelkleber auf.

Ferngläser für Mini-Detektive

Alter/Entwicklungsstand: ab 2 Jahre
Mitspieler: 1-6 Kinder
Material: Papprollen (von Toilettenpapier, Haushaltsrolle, …), Fingerfarbe, Malkittel, Papierkleber, Wolle oder dünne Paketschnur
Ort/Raum: Gruppenraum (Maltisch)
Spielanleitung: Die Kinder bemalen die Papprollen mit Fingerfarbe. Nach dem

Trocknen kleben sie (mit Hilfe eines größeren Kindes) je zwei Rollen mit Klebstoff seitlich zusammen. Wer möchte einmal durch das „Fernglas" gucken? Wenn Sie ein Band an die Röhren knoten, so können die Kinder ihr Fernglas umhängen.

> ### Noch mehr Selbstgemachtes
>
> Sammeln Sie Kartons unterschiedlicher Größe. Entsprechend dem Interesse der Kinder können sie mit Schere und Papiermesser Fenster, Türen u.a. Öffnungen hineinschneiden. Wer es lieber bunt mag, verziert die Kisten gemeinsam mit den Kindern mit Fingerfarbe bzw. Papierschnipseln.
> Wir gestalten z. B.:
> - Puppenbett (Bettzeug und Puppen in Karton legen)
> - Puppentisch (mit Tischdecke und Geschirr „decken")
> - Waschmaschine (großes kreisrundes Loch für Puppenwäsche vorn in den Karton schneiden)
> - Garage für Mini-Autos (vorn eine „Einfahrt" in den Karton schneiden)
> - Brücke/Tunnel für Autos und Eisenbahn (Karton vorn und hinten aufschneiden)
> - Stall für Spieltiere („Tor" in den Karton schneiden)
> - Puppenzug (mehrere Kartons mit Band hintereinander festknoten und Puppen hineinsetzen)
> - Krabbel-Haus (Umzugskarton zum Hineinkrabbeln)

Auf hoher See

Alter/Entwicklungsstand: ab 2,5 Jahre
Mitspieler: 2-6 Kinder
Material: viele Papprollen (Toilettenpapier, Haushaltsrolle), Papierkleber, Fingerfarbe, dicke Strohhalme (oder lange Holzstäbchen), dünnes Bastelpapier, spitze Schere, Malkittel, Zeitung oder Plastikfolie (zum Abdecken des Tisches)
Ort/Raum: Gruppenraum

Spielanleitung: Die Kinder bemalen die Papprollen ringsum mit Fingerfarbe und lassen sie auf Zeitungspapier trocknen.
Groß und klein zusammen: Nach dem Trocknen werden jeweils 3-5 Rollen nebeneinander auf den Tisch gelegt und schließlich mit Papierkleber so zusammengeklebt, dass ein „Floß" aus Röhren entsteht. Beim Kleben hilft ein großes Kindergartenkind! In die mittlere Röhre bohren Sie mit der Schere ein feines Loch. Die Kinder stecken dann senkrecht einen Strohhalm oder ein langes Holzstäbchen als Mast hinein. Wie wäre es mit einem Segel? Dazu nehmen Sie ein Stück Bastelpapier (kann von den Kindern zuvor „bekritzelt" werden) und bohren jeweils oben und unten ein Loch hinein. Die Kinder stecken das Papier auf den Mast.
Variation: Sollen die Boote über den Tisch oder den Fußboden „schwimmen"? Befestigen Sie einen langen Wollfaden an jedem Floß. Jetzt können die Kinder das Floß hinter sich herziehen. Auch eine kleine Puppe oder ein Holztier kann mitfahren.

Eine lange Klapperschlange

Alter/Entwicklungsstand: ab 2,5 Jahre
Mitspieler: 1-4 Kinder
Material: 3-6 leere Milchpackungen (aus Pappe), Fingerfarbe, Paketschnur, spitze Schere
Ort/Raum: Gruppenraum
Spielanleitung: Die Milchpackungen werden ausgewaschen und von den Kindern mit Fingerfarbe bunt bemalt. Nach dem Trocknen bohren Sie mit einer spitzen Schere vorn und hinten ein Loch in jede Milchpackung. Dann fädeln Sie alle Milchpackungen mit dünner Paketschnur hintereinander auf (Draht oder Stricknadel zur Hilfe nehmen) und fixieren das Band am hinteren Ende der Schlange mit einer Perle oder einem Knoten. Vorn, am Kopf der Schlange, sollte die Schnur ca. 1m heraushängen. Jetzt kann ein Kind die Schlange am Band hinter sich her durch den Raum ziehen (eventuell vorn oder hinten noch Glöckchen anbinden).
Variation: Nehmen Sie statt der Milchpackungen Toiletten- oder Haushaltsrollen. Lassen Sie die Rollen von den Kindern bunt anmalen. Fädeln Sie anschließend ein langes Band durch alle Rollen. Vorn sollte das Band ca. 1m heraushängen, hinten wird es an der letzten Rolle festgeknotet oder festgeklebt.

Fühlen und Staunen:
Erlebnis-Spiele aus der Restekiste

Erlebnisspiele verstehen sich hier als Spiele mit Materialien, die eigentlich zum „Abfall" gehören und – zumindest oberflächlich betrachtet – „wertlos" scheinen. Dafür haben sie aber einen großen Vorteil: Sie sind sozusagen zum „Nulltarif" zu haben und in fast jedem Schrank, in jeder Vorratskiste verfügbar. Reste und Abfälle kommen den Bedürfnissen ganz kleiner Kinder besonders entgegen: Wie funktioniert das? Was kann ich damit tun? Was passiert, wenn …? Alltagsdinge und „Müll" wecke die pure Lust am Tun (ohne Zweck und Gestaltungsabsicht), lassen der eigenen Neugier freien Lauf, beflügeln die Phantasie. Jedes Material ist ein Erlebnis für sich.

Auf und zu: Becher, Dosen und Flaschen

Becher und Flaschen auf- und zuschrauben, Dinge einfüllen und auskippen, Dosen stapeln und aufreihen, Türme bauen und umwerfen – all diese Tätigkeiten schulen die Feinmotorik und zeigen dem Kind die Gesetze der Natur.

Neptuns Flaschenpost

Alter/Entwicklungsstand: ab 1,5 Jahre
Mitspieler: 1-3 Kinder
Material: leere, durchsichtige Kunststoffflaschen, Materialien zum Füllen (Nudeln, Erbsen, Bohnen, Perlen, Knöpfe, Papierkugeln, Glöckchen, …), langes Band
Ort/Raum: Gruppenraum, Bewegungsraum
Spielanleitung: Stellen Sie 4-8 durchsichtige Kunststoffflaschen bereit. Dazu Materialien zum Füllen, z. B. Nudeln, Erbsen, Bohnen, Perlen, Papierkugeln, Glöckchen. Die Kinder wählen Materialien aus und lassen sie in die Flaschen plumpsen. Dann heißt es, Schraubverschluss zudrehen. Wer kann das schon? Binden Sie an jede Flasche ein langes Band, dann können die Kinder die Flaschen hinter sich herziehen.
Variation: Ältere Kinder (ab 2,5 Jahren) verzieren die Flaschen mit Papierschnipseln (Flaschen vorher mit Tapetenkleister einstreichen und Schnipsel andrücken).

Zauberbecher

Alter/Entwicklungsstand: ab 1,5 Jahre
Mitspieler: 1-4 Kinder
Material: große und kleine Joghurtbecher, Dosen von Lebensmitteln (z. B. von Babynahrung, Kaffee, Kakao), Materialien zum Verstecken (Korken, große Muscheln, dicke Perlen, Nüsse, große Knöpfe, Papierkugeln …)
Hinweis: Kinder im Umgang mit Kleinstteilen genau beobachten! Gefahr des Verschluckens!
Ort/Raum: Gruppenraum, Freigelände
Spielanleitung: Geben Sie den Kindern die Becher/Dosen zunächst zum freien Spiel.
- Geben Sie ihnen dann 1-2 Arten Material, die sie in die Becher/Dosen füllen und wieder auskippen (z. B. große Nüsse).
- Verstecken Sie Materialien unter den Bechern. Lassen Sie die Kleinen die Becher hochheben und staunen.
- Schneiden Sie Schlitze und Löcher in die Deckel von großen Joghurtbechern oder Kaffeedosen und lassen Sie die Kinder dicke Knöpfe hineinwerfen.

Groß und Klein zusammen: Gemeinsam mit älteren Kindern können die Kleinen „Fang den Ball" spielen. Rollen Sie einen kleinen Ball über einen Tisch oder über den Boden. Die Kinder versuchen, den Ball mit einem großen Becher „einzufangen", indem sie den Becher über den Ball stülpen.

Variation: Schmelzen Sie mit einer heißen Stricknadel oder einem Draht ein Loch in den Boden eines Joghurtbechers. Fädeln Sie ein Band durch das Loch und machen Sie im Inneren des Bechers einen ausreichend dicken Knoten. Binden Sie an das andere Ende des Bandes eine Holzperle. Jetzt heißt es: Perle an der Schnur in die Luft werfen und mit dem Becher wieder einfangen. Dieses Geschicklichkeitsspiel gelingt meist nur den älteren Kindern.

Ideal für Pappenheimer: Papier, Pappe und Kartons

Sammeln Sie Altpapier, Pappe, Schachteln, leere Papprollen und Kartons. Damit sich die Kinder mit dem Material „Papier" und „Pappe" vertraut machen können, sollten Sie die Materialien zunächst im freien Spiel anbieten. Am besten wählen Sie 1-2 Teile aus, mit denen sich die Kinder dann ausgiebig beschäftigen können.

Allerlei aus Bierdeckeln

Alter/Entwicklungsstand: ab 1,5 Jahre
Mitspieler: 1-4 Kinder
Material: viele Bierdeckel (eventuell Fingerfarbe, Klebstoff oder Tacker, Nylonschnur), eventuell Schere, Schuhkartons
Ort/Raum: Gruppenraum
Spielanleitung: Bierdeckel eignen sich für das „Bitte-Danke-Spiel". Reichen Sie dem Kind einen Bierdeckel, das Kind gibt Ihnen den Deckel wieder zurück usw. Das Spiel kann verbal mit „Bitte" und „Danke" begleitet werden.
Bierdeckel kann man hintereinander auf den Tisch legen oder übereinander stapeln. Man kann sie senkrecht aufstellen und hinplumpsen lassen. Man kann sie um die eigene Achse drehen und schauen, was passiert.
Schneiden Sie Schlitze in einen Schuhkarton, und lassen Sie die Kinder die Bierdeckel durch die Schlitze in die Kartons einwerfen.
Variation (ab 2 Jahre): Die Kinder bemalen viele runde Bierdeckel mit Fingerfarbe. Nach dem Trocknen kann daraus eine Raupe werden. Legen Sie die Bierdeckel nebeneinander auf den Tisch. Sie sollten sich an den Enden schuppenförmig überlappen. Kleben oder tackern Sie die Bierdeckel nebeneinander fest. Der erste Bierdeckel bildet den Kopf der Raupe. Die großen Kinder malen oder kleben Augen auf den Kopf. Die Raupe kann im Krippenbereich an die Wand oder mit zwei Nylonfäden unter die Decke gehängt werden.

Ei, Ei, Eier-Karton

Alter/Entwicklungsstand: ab 1,5 Jahre
Mitspieler: 1-4 Kinder
Material: kleine und mittelgroße Eierkartons, auch größere Eierpaletten (Supermarkt); zudem kleine Bälle, Kugeln u. ä. (evtl. auch „Wolkenteig" – siehe Rezept im Kapitel „Backe, backe Kuchen: Matschen und formen"), evtl. Fingerfarben, Band
Ort/Raum: Gruppenraum
Spielanleitung: Klappen Sie einen Eierkarton auf, und legen Sie sichtbar einen Gegenstand hinein (z. B. einen kleinen Ball). Klappen Sie den Karton dann wieder zu: Wo ist der Ball? Die meisten Kinder ab ca. 1 Jahr wissen bereits, dass Dinge weiter existieren, auch wenn sie nicht sichtbar sind. Sie können mit dem Kind gemeinsam immer wieder neue Dinge in dem Eierkarton verschwinden und wieder auftauchen lassen.

Besorgen Sie sich im Supermarkt große Eierpaletten. Lassen Sie die Kinder kleine Bälle, Kugeln, Wäscheklammern, Bausteine o. ä. in die vielen Vertiefungen hineinlegen und wieder herausnehmen.
Zeigen Sie den Kindern, wie man „Wolkenteig" oder Knete in die Vertiefungen drückt (zusätzlich mit kleinen Stöcken, Kastanien, Muscheln „verzieren").
Variation: Kinder ab 2 Jahre bemalen einen kleinen Eierkarton mit Fingerfarbe. Nach dem Trocknen lässt er sich als „Auto" oder „Schiff" benutzen. Knoten Sie zu diesem Zweck ein Band an den Karton. Puppen oder kleine Holztiere können auf diese Weise durch den Raum gezogen werden.

Weitere Spiele mit Kartons finden Sie im Kapitel „Stein auf Stein: Bauen und montieren" unter „Garantiert selbst gemacht: Werkeleien zum Spielen".

Leicht und weich: Stoffe, Wolle und Watte

Weiche Materialien sind ein besonders sinnliches Vergnügen. Neben dem bildnerischen Gestalten eignen sie sich auch für Wahrnehmungsspiele, da sie die Haut angenehm stimulieren.

Gestalten mit Stoffwindeln

Alter/Entwicklungsstand: ab 1 Jahr
Mitspieler: 1-4 Kinder
Material: mehrere Stoffwindeln (mit Stofffarbe in verschiedenen Grundfarben einfärben – z. B. in der Waschmaschine)
Ort/Raum: Gruppenraum (z. B. Bauecke), Bewegungsraum
Spielanleitung: Stoffwindeln können von den Kindern als Kuschel- oder Schmusetücher verwendet werden. Sehr schnell erweisen sie sich darüber hinaus als Spielzeug, das die Phantasie anregt:
- Wir können uns die Tücher über den Kopf legen und uns darunter verstecken oder Gegenstände darunter verschwinden und wieder auftauchen lassen.
- Wir können uns damit kitzeln und massieren.
- Wir können die Tücher hinter uns her durch den Raum ziehen.
- Machen Sie einen Knoten in eine Windel, und schon haben wir eine Puppe, die uns „Guten Tag" sagt.

Variation: Ältere Kinder (etwa ab 2,5 bzw. 3 Jahre) können die Tücher bei Bauspielen verwenden. Bewahren Sie einen Satz Tücher unterschiedlicher Farbe in einer separaten Kiste oder in einem Körbchen auf. So wird vielleicht ein grünes Tuch beim Bauen zu einer Wiese für Holztiere, ein gelbes zu einem Kornfeld für einen kleinen Traktor. Auch bei Spielen mit der Holzeisenbahn können Tücher zu Gestaltungsmitteln werden (Berg, Wiese, See, ...).

Watteschaf und Wollebär

Alter/Entwicklungsstand: ab 2,5 Jahre
Mitspieler: 1-4 Kinder
Material: Watte und/oder Märchenwolle, alte Socken, Pappteller/Zeitung, evtl. Pappe, Bleistift, Schere, Tapetenkleister
Ort/Raum: Gruppenraum
Spielanleitung: Formen Sie aus der Watte bzw. Märchenwolle Kugeln. Pusten Sie die Kugeln über einen Tisch.
- Machen Sie Wind mit einem Pappteller oder einer Zeitung. Beobachten Sie mit den Kindern, wie der „Wind" die Watte aufwirbelt.
- Berühren Sie Arme und Beine der Kinder mit Watte. Wer lässt sich im Gesicht kitzeln?
- Wer legt sich flach auf den Boden und lässt sich mit vielen Wattekugeln bedecken?
- Wir füllen alte Socken mit Wolle oder Watte, knoten sie zu und geben sie den Kindern als Tast- oder Wurfsäckchen.

Variation (ab 2,5 bzw. 3 Jahre): Schneiden Sie aus Pappe die Grundform eines Teddybären oder eines Schafes aus. Auch die Form einer Wolke bietet sich an. Die Kinder streichen die Pappe mit Kleister ein. Anschließend werden die Hände sauber abgewischt oder gewaschen. Dann zupfen die Kinder Watte/Wolle zu Fetzen und drücken sie auf die Pappform. So bekommen Bären und Schafe ein weiches Fell.

Tipp: Tiere bzw. Wolke nach dem Trocknen umdrehen und auch die Rückseite bekleben. Dann an einem Faden im Krippenbereich unter die Decke hängen.

Erlebnis-Spiele aus der Restekiste

Hütte, Höhle, Zirkuszelt

Alter/Entwicklungsstand: ab 3 Jahre
Mitspieler: 2-4 Kinder
Material: Bettlaken, Decken, verschiedene Stoffe (Tüll, Chiffon, Organza), fertiges Schwungtuch, dazu Tische, Stühle, Matten, Kissen, evtl. Wäscheklammern
Ort/Raum: Gruppenraum, Bewegungsraum, Flur
Spielanleitung: Grenzen Sie mit den Kindern zunächst ein Spielfeld ein, z. B. indem Sie Stühle in einem kleinen Kreis aufstellen, Tische nebeneinander platzieren oder mit niedrigen Schränken eine Ecke abteilen. Wir bauen eine Höhle, indem wir über die Stühle/Tische oder Schränke Stoffe werfen.
Tipp: Hängen Sie einen Gymnastikreifen mit vier Bändern unter die Zimmerdecke (Bänder am Reifen anknoten und zusammenführen). Sie brauchen dazu natürlich einen Allzweckhaken unter der Decke. Ersatzweise können Sie auch einen Kleiderbügel mit Band von der Decke herabhängen lassen. Knoten Sie nun leichte Stoffe mit einem Zipfel an den Reifen oder Bügel. Sie sollten weit auf den Boden herabfallen. Wenn die Kinder die Tücher ringsum über Stühle legen oder dort mit Klammern festklammern, entsteht der Eindruck eines Zeltes. Geben Sie den Kindern weitere Materialien zum Anbauen und Ausbauen, z. B. Kissen, Decken, Kartons.

„Ferdinand", der kleine Drache

Alter/Entwicklungsstand: ab 2,5 Jahre
Mitspieler: Kleingruppe
Material: 2 Bettlaken (alte weiße Laken), Nähzeug oder Nähmaschine, Schere, grüne Fingerfarbe
Ort/Raum: Gruppenraum, Bewegungsraum, Flur, Freigelände
Spielanleitung: Nähen Sie die Laken zusammen. Lassen Sie möglichst viele Kinder die Laken mit grüner Fingerfarbe einfärben, indem Sie ihnen die Hände mit Farbe einstreichen und die Kinder ihre Hände anschließend auf den Stoff drücken. Nach dem Trocknen schneiden Sie in die Mitte jedes Lakens zwei Löcher nebeneinander (in Kopfgröße der Kinder). Nun schlüpfen 4 Kinder mit dem Kopf durch die Öffnungen. Ihre Körper sind nicht zu sehen, weil das herabhängende Laken sie verdeckt. Die Kinder bewegen sich hintereinander als „Drache" durch den Raum oder über das Freigelände.
Tipp: Der Drache kann bei einem Kinderfest auftreten!

Aus dem Nähkästchen: Knöpfe und mehr

Sammeln Sie gemeinsam mit den Eltern Knöpfe unterschiedlicher Größe und Form. Auch weiteres Materialien wie Nähgarnrollen und Gardinenringe können sich in Kinderhänden zu einem interessanten Experimentier-Spielzeug verwandeln.

Knopfketten und -Bilder

Alter/Entwicklungsstand: ab 6 Monate
Mitspieler: 1-4 Kinder
Material: Knöpfe unterschiedlicher Größe und Form, Schnürsenkel oder dünnes Lederband, evtl. dicke Perlen oder Gardinenringe, Papprollen, Schuhkarton-Deckel
Ort/Raum: Gruppenraum, Krippenbereich (z. B. auf einer Krabbeldecke)
Spielanleitung: Fädeln Sie die Knöpfe auf das Band. Knoten Sie an das Ende der Knopfkette eine Perle oder einen Gardinenring. Die Kinder können die Knöpfe mit den Händen betasten, die Kette durch den Raum ziehen oder (gegen Ende des 1. Lebensjahres) in Becher/Dosen einwerfen und wieder herausziehen.
Variation (ab 2 Jahre): Geben Sie jedem Kind den Deckel eines Schuhkartons und eine oder mehrere Papprören (leere Haushaltsrolle oder mehrere mit Klebeband zusammengeklebte Toilettenrollen). Zeigen Sie, wie man Knöpfe einzeln in die Papprolle einwerfen kann, sodass sie unten wieder heraus in den Schuhkarton-Deckel plumpsen.
Variation (ab 3 Jahre): Schütten Sie nun viele Knöpfe in den Deckel. Lassen Sie die Kinder probieren, wie man die Knöpfe mit der Hand in dem Deckel hin und her schieben kann. Ältere Kinder legen vielleicht eine Schlange, ein Gesicht oder einfach nur „Knopf-Muster".

Lassen Sie es „rollen"

Geben Sie den kleinsten leere Nähgarnrollen zum Betasten und Greifen. Wenn die Garnrollen durch den Raum gerollt werden, inspirieren sie zum Hinterherkrabbeln. Kinder ab 1 Jahr können versuchen, zwei dicke Nähgarnrollen (später mehrere) aufeinander zu stellen.

Erlebnis-Spiele aus der Restekiste

Kordeln, Bänder, Reißverschlüsse ...

Alter/Entwicklungsstand: ab 1,5 Jahre
Mitspieler: 1-3 Kinder
Material: Leinen- oder Baumwollstoff, Wandhaken ... Nach Wahl: alte Reißverschlüsse, Gardinenringe, Kordeln, Wollreste, Pelz, dicke Knöpfe, dicke Kette, Glöckchen, Bommel, Schnallen u.ä.
Ort/Raum: Gruppenraum
Spielanleitung: Befestigen Sie ein Stück Leinen- oder Baumwollstoff mit Haken an einer Wand im Gruppenraum (in Kinderhöhe). Nähen Sie alte Reißverschlüsse, Gardinenringe, Kordeln, aus Wolle geflochtene Zöpfe mit festen Nadelstichen an dem Stoff fest. Auch ein Stück Pelz, eine dicke Kette, Glöckchen, Bommel, Schnallen können Sie dort festheften.
Wichtig: Platzieren Sie den Wandbehang so, dass er von den Krippenkindern zum Tasten und Ausprobieren (z.B. Reißverschuss rauf und runter ziehen) genutzt werden kann. Achten Sie darauf, dass die Gegenstände nicht verletzungsgefährlich sind!

„Fliegende Teller"

Alter/Entwicklungsstand: ab 3 Jahre
Mitspieler: 1-4 Kinder
Material: Bierdeckel oder runde Pappteller, Schere, Bleistift, (eventuell Tacker), unterschiedliche Bänder (Schleifen, Geschenkbänder, Schrägband, Wollfäden, ...)
Ort/Raum: Gruppenraum, Bewegungsraum, Freigelände
Spielanleitung: Stanzen Sie mit Hilfe einer Schere und eines Bleistiftes an einer Seite 5-8 Löcher nebeneinander in einen Bierdeckel oder einen Pappteller (Abstand etwa 2 cm). Unterschiedliche Bänder aus dem „Nähkästchen" (sie sollten mindestens 1 m lang sein) können von den Kindern durch die Löcher gefädelt werden. Ältere Kinder helfen beim Festknoten. Oder: einfach einen Tacker nehmen und breite Bänder an dem Deckel fest tackern. Nun an der anderen Seite – gegenüber den Bändern – ein Loch bohren und ein Halteband als Schlaufe anbinden (bequem für die Kinderhand). Schon verwandelt sich der Teller in ein „Flugobjekt".
Wenn die Kinder mit dem fliegenden Deckel in der Hand losrennen, flattern die Bänder lustig im Wind.
Variation: Soll der fliegende Teller schön bunt sein? Einfach mit Fingerfarbe anmalen oder mit Buntpapier bekleben.

Frühlingsduft und Wintertraum: Erfahrungsspiele zu jeder Jahreszeit

Viele kreative Entdeckungsspiele ergeben sich aus all den überraschenden Phänomenen, die das Wechselspiel der Natur im Kreislauf des Jahres hervorbringt. Wir pflücken Blumen, sammeln Blätter und Kastanien, spielen in Sand und Wasser, bauen mit Schnee. Selbst wenn die Kleinsten noch keine Vorstellungen davon haben, was Jahreszeiten sind und in welchem Ablauf sie sich wiederholen, so greifen sie doch gern all das auf, was Natur und Wetter zu bieten haben. Sie nehmen teil an Jahreszeiten-Festen, erfreuen sich an Vorbereitungen und einfachen Werkeleien.

Kommt der Frühling bald: Oster-Werkeln

Ostereier bunt zu gestalten ist nicht nur für die Großen ein wiederkehrender Spaß. Auch Kleinkinder können mitmachen, wenn Sie ihnen altersgemäße Techniken anbieten.

Eier-Mal-Werkstatt

Alter/Entwicklungsstand: ab 2 Jahre
Mitspieler: 1-4 Kinder
Material: einfarbiger Bastelkarton, dicke Bunt- oder Wachsmalstifte, dünne Schnur, abwaschbare Tischdecke, (für Variationen: Tapetenkleister, Papierschnipsel, Konfetti, Federn, Korken, Schaschlikspieß)
Ort/Raum: Gruppenraum
Spielanleitung: Schneiden Sie aus dem Bastelkarton große ovale Formen aus. Geben Sie jedem Kind ein Pappei und Wachsmalstifte oder dicke Buntstifte. Die Kinder kritzeln auf der Pappe herum, bis sie bunt ist. Über den Rand kritzeln ist nicht schlimm. Darunter gibt es ja eine abwaschbare Decke, die den Tisch schont.
Variation (ab 2,5 Jahre): Die Kinder streichen die Pappeier mit Tapetenkleister ein. Dann heißt es: Hände waschen oder abwischen! Anschließend lassen sie bunte Papierschnipsel, Konfetti oder Federn von oben herab auf jedes Ei rieseln. Nach dem Trocknen kann auch die andere Seite verziert werden. Die Eier an einem Faden an einen Zweig oder unter die Decke hängen!

Erfahrungsspiele zu jeder Jahreszeit

Groß und Klein zusammen: Schneiden Sie einen Korken mit einem scharfen Messer in Scheiben. Dann spießen Sie eine Korkenscheibe auf einen Schaschlikspieß, stecken ein ausgeblasenes Ei auf die Scheibe und zum Schluss wieder eine Korkenscheibe oben auf das Ei. Jetzt sitzt das Ei fest eingeklemmt zwischen zwei Scheiben. Die Kinder können den Schaschlikspieß in die Hand nehmen, das Ei damit festhalten und verzieren. Dabei dürfen ein großes und ein kleines Kind zusammenarbeiten. Eine leichte Technik zum Verzieren: buntes Seidenpapier in Stücke reißen, die Stücke in eine Schüssel mit Wasser tauchen und anschließend auf das Ei „kleben". Das Ei zum Trocknen mit dem Spieß in eine Flasche stecken. Die trockenen Schnipsel fallen ab und hinterlassen zauberhafte Farbspuren.

Osterküken und Hasenkind

Alter/Entwicklungsstand: ab 2,5 bzw. 3 Jahre
Mitspieler: 1-4 Kinder
Material: runde Bierdeckel (für jedes Kind zwei), gelbe und/oder braune Fingerfarbe, Tacker oder Klebstoff, Schere, Malkittel
Ort/Raum: Gruppenraum
Spielanleitung: Sie benötigen für das Küken bzw. den Hasen jeweils zwei Bierdeckel, einen für den Bauch und einen für den Kopf. Schneiden Sie den Deckel für den Kopf mit der Schere ringsum etwas kleiner. Nun malen die Kinder Bauch und Kopf des Kükens/Hasen in passender Farbe an. Natürlich können die Kinder auch Phantasietiere gestalten. Warum soll ein Küken nicht rot und ein Hase blau sein? Dann heißt es: Deckel umdrehen und Rückseite anmalen!
Nach dem Trocknen werden die beiden Deckel mit dem Tacker zusammengeheftet oder mit Papierkleber geklebt, sodass der kleinere Deckel oben den Kopf und der größere unten den Bauch bildet.
Groß und Klein zusammen: Ein älteres Kind kann dabei helfen, für Küken und Hasen Augen, Schnabel bzw. Hasenohren zu gestalten. Die Materialien suchen die Kinder am besten aus der Restekiste (Papier- und Stoffreste, Knöpfe) und kleben sie mit Kleister oder Alleskleber auf.
Hinweise: Es kommt nicht darauf an, die Figuren naturgetreu und exakt zu gestalten. Selbst wenn Proportionen, Formen und Materialien nicht „stimmig" sind, sollten Sie den Kindern so viel gestalterische Freiheit wie möglich lassen!

Erlebnisspiele rund um die Sommerwiese

Im Sommer gewinnen Spiele im Freien zunehmend an Bedeutung. Wasser, Sand und Erde sind beliebte Elemente, die kleine Kindern zu immer neuen Experimentierspielen herausfordern. Die Natur gibt Anregungen für kreatives Gestalten: Wir beobachten Bienen, Schmetterlinge und Käfer, sammeln Blumen, Blätter, Rinde und Steine. Im Garten können wir uns frei entfalten, uns selbst mit Farbe und Sand beschmieren, ohne dass es jemanden stört. Eine kleine Wasserdusche, und schon geht das Spiel von vorne los.

Schmetterlinge

Alter/Entwicklungsstand: ab 2,5 Jahre
Mitspieler: 1-4 Kinder
Material: saugfähiges Papier (runde Kaffeefilter, Küchenrolle, Papiertaschentücher), dicke Pinsel, Tempera-Wasserfarbe, Wassergläser, abwaschbare Decke, Zeitungen, Malkittel, Pfeifenputzerdraht
Ort/Raum: Gruppenraum
Spielanleitung: Decken Sie den Tisch mit einer abwaschbaren Decke ab. Geben Sie jedem Kind eine gefaltete Zeitung und darauf ein saugfähiges Stück Papier (Küchenrolle, Kaffeefilter). Mit einem dicken Pinsel und viel flüssiger Temperafarbe werden nun Farbkleckse auf das Papier gesetzt. Wir betrachten, wie sich die Farbe fließend leicht verteilt. Dann legen wir das bemalte Papier mitsamt der Zeitung zum Trocknen auf die Fensterbank.
Groß und klein zusammen: Ein älteres Kind hilft bei der Herstellung des Schmetterlings: Dazu wird Pfeifenputzerdraht in der Mitte zur Hälfte umgebogen, sodass die beiden äußeren Enden übereinander liegen. Jetzt noch das getrocknete Papier dazwischenlegen und den Draht mehrfach um sich selbst herum drehen/biegen, bis das Papier eingeklemmt ist. Das letzte Stück Draht wird nicht gedreht. Die Enden werden als Fühler auseinander gebogen.
Den fertigen Schmetterling an einen Faden unter die Decke oder an einen Zweig hängen. Man kann ihn auch an einen Stock knoten und damit losrennen.

Erfahrungsspiele zu jeder Jahreszeit

Blütenzauber

Alter/Entwicklungsstand: ab 2,5 Jahre
Mitspieler: 1-4 Kinder
Material: Tapetenrolle, grüne Temperafarbe (am besten aus der Flasche), Tapetenkleister, dicke Pinsel, viele getrocknete Blüten und Blätter (ersatzweise Krepppapier oder Transparentpapier), abwaschbare Decke/Plane, Malkittel
Ort/Raum: Gruppenraum
Spielanleitung: Breiten Sie eine abwaschbare Decke/Plane auf dem Boden aus. Legen Sie ein großes Stück Tapete darüber (eventuell mit Klebeband auf dem Boden festkleben). Rühren Sie aus grüner Temperafarbe, Wasser und Kleister ausreichend Farbe an. Lassen Sie die Kinder mit einem dicken Pinsel, eventuell auch mit den Händen, das Blatt großzügig einstreichen. Wenn das Blatt noch nicht ganz mit Kleisterfarbe ausgefüllt ist, können auch ältere Kinder beim Einstreichen helfen. Erzählen Sie den Kindern, dass ihr Blatt so grün werden soll wie eine Wiese. Auf der Wiese wachsen viele Blumen. Dazu streuen wir getrocknete Blüten und Blätter kreuz und quer über das Blatt. Wichtig: Die Hände müssen sauber sein. Deshalb vorher Kleister von den Händen abwaschen! Wir lassen unsere Wiese trocknen und hängen sie dann an eine Wand des Gruppenraumes oder in den Flur.
Variation: Statt der Blüten können die Kinder auch Papierschnipsel auf das Blatt streuen.

Malen mit Wasser und Zuckersand

Alter/Entwicklungsstand: ab 2 Jahre
Mitspieler: 1-4 Kinder
Material: kleine Plastikflaschen, Trichter, Wasser bzw. Zuckersand
Ort/Raum: Freigelände
Spielanleitung: Stanzen Sie in den Boden leerer Plastikflaschen kleine Löcher (mit Schere/Stricknadel – am besten vorher in eine Kerzenflamme halten). Füllen Sie mit Hilfe eines Trichters Wasser bzw. Zuckersand in die Flaschen, und schrauben Sie den Verschluss fest zu. Die Kinder können nun Spuren von Sand oder Wasser erzeugen, wenn sie die Flaschen bewegen. Besonders interessant sind Wasserspuren auf Asphaltflächen oder Steinplatten. Die Spuren verschwinden wie von selbst wieder in der Sonne.
Variation: Binden Sie lange Bänder an die Flaschen. Die Kinder können sie hinter sich herziehen und Spuren hinterlassen (auch für Kinder unter 2 Jahren geeignet).

Straßenkreide selbst gemacht

Alter/Entwicklungsstand: ab 3 Jahre
Mitspieler: 1-3 Kinder
Material: Gipspulver, Wasser, Lebensmittelfarbe oder Farbpulver, Plastik- oder Pappbecher oder leere Pralinenschachtel, große Rührschüssel, Schneebesen, Kelle, Tassen, Löffel
Ort/Raum: Gruppenraum, Freigelände
Spielanleitung: Messen Sie 5 Tassen Wasser und 2 Tassen Gipspulver ab. Ein Kind gibt Wasser und Gips in eine Schüssel. Ein anderes gibt Lebensmittelfarbe oder Farbpulver dazu. Ein weiteres Kind darf mit dem Schneebesen alles umrühren.
Nun wird der dickflüssige Brei in Becher gegeben (etwa zur Hälfte füllen). Wer es lieber kleiner mag, der gibt die Masse in leere Pralinenförmchen. Dies sollten Sie selbst tun oder ein älteres Kind dabei helfen lassen. Nach dem Trocknen Becher/Förmchen mit der Schere aufschneiden bzw. leicht bewegen, sodass sich der Inhalt löst. Die Kinder können mit der fertigen Kreide auf Steinplatten kritzeln!

Rindenboote

Alter/Entwicklungsstand: ab 2,5 Jahre
Mitspieler: 1-4 Kinder
Material: Baumrinde, Knetgummi, Stöckchen, Blätter von Bäumen, spitze Schere
Ort/Raum: Gruppenraum, Freigelände (Wasserschüssel, Plantschbecken)
Spielanleitung: Jedes Kind wählt sich ein Stück Rinde aus, drückt etwas Knete hinein und steckt senkrecht einen dünnen Stock in die Mitte. Nun hat das Rindenboot zwar einen Mast, es braucht aber noch ein Segel. Die Erzieherin bohrt mit einer spitzen Schere oben und unten jeweils ein Loch in jedes Blatt. Die Kinder versuchen, ihr Blatt auf den Mast zu stecken. Ist dies noch zu schwierig, kann ein älteres Kind helfen. Alternativ können auch kleine Zweige mit Blättern direkt in die Knete gesteckt werden.
Wer möchte sein Schiff im Plantschbecken fahren lassen? Nicht immer gelingt das. Mache Schiffe haben Schlagseite, kippen um, gehen vielleicht sogar unter. All dies sind wichtige Erfahrungen.
Variation: Wir lassen Papier, Korken, Blätter, Eierkartons, Plastikflaschen u. ä. auf dem Wasser schwimmen und beobachten, was geschieht.

Erfahrungsspiele im Wassergarten

Alter/Entwicklungsstand: ab 1 Jahr
Mitspieler: Kleingruppe
Material: mehrere Plastikeimer und -schüsseln, Wasser, dazu Joghurtbecher, Sandförmchen, Gießkannen, kurze Plastikschläuche, Kellen, Löffel, schwimmende Spielzeuge, Naturmaterialien (Muscheln, Steine, Rindenstückchen, Blätter, Sand), Reste (z. B. Papier, Korken, …)
Ort/Raum: Freigelände
Spielanleitung: Bauen Sie einen Wassergarten. Füllen Sie dazu mehrere Eimer und Schüsseln mit Wasser und stellen Sie diese auf eine Wiese oder in den Sandkasten.
- Lassen Sie die Kinder mit den Händen im Wasser spielen. Wer möchte in die Schüsseln hinein- bzw. wieder heraussteigen? Bei den ganz Kleinen geben Sie Hilfestellung!
- Geben Sie den Kindern dann unterschiedliche Materialien zum Schöpfen (Gießkannen, leere Joghurtbecher, kurze Schläuche).
- Geben Sie in jeden Eimer/jede Schüssel ein anderes schwimmendes Spielzeug (Boot, Ente, Plastikball, …).
- Füllen Sie jeden Eimer/jede Schüssel mit einem anderen Material, z. B. mit Muscheln, etwas Sand, kleinen Steinen. Die Kinder können mit den Händen die unterschiedlichen Materialien im Wasser erfühlen und damit experimentieren.

Hinweise: Achten Sie auf ungiftige Materialien. Vermeiden Sie Kleinstteile. Beobachten Sie die Kinder beim Spiel aufmerksam!

Der Herbst ist da: Spiele mit Früchten und Blättern

Herbstzeit ist Sammelzeit. Schon Kleinkinder sind davon begeistert, mit Tüten, Stofftaschen, Körbchen und Kartons auf die Pirsch zu gehen, allerlei Schätze des Herbstes aufzulesen und nach Hause zu tragen. Blätter, Kastanien, Eicheln, Moose, Tannenzapfen und Zweige ermöglichen neue Tast- und Materialerfahrungen, lassen der kindlichen Kreativität freien Lauf.

Blättergirlande

Alter/Entwicklungsstand: ab 2,5 Jahre
Mitspieler: 1-4 Kinder
Material: dicker Blumendraht (von der Rolle), gepresste (Herbst-)Blätter
Ort/Raum: Gruppenraum
Spielanleitung: Pressen Sie Blätter zwischen Büchern oder Holzplatten, bis sie getrocknet sind. Dann legen Sie die Blätter auf eine weiche Unterlage (z. B. Handtuch) und pieksen mit den Kindern in jedes Blatt ein Loch (mit Hilfe eines spitzen Bleistiftes o. ä.). Die gelochten Blätter lassen sich leicht auf einem dicken Draht auffädeln. Nacheinander können mehrere Kinder ein Blatt oder mehrere Blätter auf den Draht stecken. Auf diese Weise entsteht eine lange Blättergirlande, die im Raum aufgehängt werden kann.

Buntes Blätter-Bad

Alter/Entwicklungsstand: ab 1 Jahr
Mitspieler: 1-4 Kinder
Material: Herbstblätter; große, flache Kiste oder aufblasbares Kinderplantschbecken
Ort/Raum: Bewegungsraum, Flur, Freigelände
Spielanleitung: Füllen Sie eine Kiste/ ein aufgeblasenes Kinderplantschbecken mit Herbstblättern. Die Kinder können sich in das Blätter-Bad hinein setzen und darin herumwühlen.
Variation: Geben Sie zusätzlich Kastanien hinein. Übrigens können Sie auch im Freien mit einem Rechen einen großen Blätterberg zusammenharken. Wer möchte hineinkrabbeln, hindurchlaufen, sich hineinfallen lassen?

Kastanienschlange

Alter/Entwicklungsstand: ab 2,5 Jahre
Mitspieler: 1-4 Kinder
Material: dicker Blumendraht, viele Kastanien, Handbohrer, Band/Schnur (ca. 1m)
Ort/Raum: Gruppenraum
Spielanleitung: Bohren Sie mit Hilfe eines Handbohrers jeweils ein großes Loch durch jede Kastanie. Das Loch sollte so groß sein, dass Kinder bequem den Draht hindurchziehen können. Als Hilfe können Sie den Draht senkrecht mit beiden Hän-

den festhalten, sodass die Kastanie von oben nach unten aufgesteckt werden kann. Sind ca. 10 Kastanien aufgefädelt, so schneiden Sie den Draht mit einer Zange/Schere großzügig ab und wickeln ihn um die letzte Kastanie herum. Nun noch schnell ein langes Band an den „Kopf" der Schlange knoten und fertig ist das Tier. Kleinkinder ziehen die Schlange am Band gerne hinter sich her.
Groß und klein zusammen: Ältere Kinder können die Schlange noch ein wenig ausgestalten, z. B. indem sie schmale Krepppapierbänder als Schwanz an das hintere Ende knoten oder Augen aus Papierschnipseln auf den Kopf der Schlange kleben.

Blätter-Klebe-Bild

Alter/Entwicklungsstand: ab 2 Jahre
Mitspieler: 1-6 Kinder
Material: Tapetenkleister, Schüssel, große Papierbögen, getrocknete Herbstblätter, abwaschbare Tischdecke
Ort/Raum: Gruppenraum
Spielanleitung: Rühren Sie Kleister mit Wasser an. Geben Sie einen dicken Klecks Kleister auf ein großes Blatt Papier. Die Kinder dürfen nun mit beiden Händen den Kleister auf dem Blatt verstreichen. Dann heißt es: Hände waschen! Wenn die Hände sauber sind, können die Kinder einzelne Herbstblätter in den Kleister drücken.

Windräder

Alter/Entwicklungsstand: ab 2 Jahre
Mitspieler: 1-6 Kinder
Material: runde Pappteller, Fingerfarbe, spitze Schere, Bindfaden (z. B. Paketschnur, evtl. Holzperlen)
Raum: Gruppenraum, Freigelände
Spielanleitung: Die Kinder malen den Pappteller mit Fingerfarbe von beiden Seiten bunt an. Nach dem Trocknen stechen Sie mit einer Schere ein Loch in die Mitte des Tellers (Öffnung eventuell mit einem Bleistift oder Rundholz nachbohren). Alle Teller werden in Abständen von ca. 20 cm auf die Schnur gefädelt (evtl. Holzperlen zwischen den Tellern auffädeln). Die Schnur wird im Freien zwischen Bäumen oder Pfosten straff gespannt und fest geknotet. Wir beobachten, wie sich die Räder im Wind verhalten. Welches Rad dreht sich?

Blätter-Krone

Alter/Entwicklungsstand: ab 2,5 Jahre
Mitspieler: 1-4 Kinder
Material: biegsame Pappe, Herbstblätter, Klebeband, Tacker, Maßband
Ort/Raum: Gruppenraum
Spielanleitung: Schneiden Sie aus Karton einen Streifen von 4-5 cm Breite. Die Länge des Streifens richtet sich nach dem Kopfumfang des Kindes (bitte Maß nehmen!). Schneiden Sie Klebeband in viele kleine Stücke und heften Sie diese nebeneinander an die Tischkante. Nun nehmen sich die Kinder ein Stück Klebeband nach dem anderen und kleben damit die Herbstblätter nebeneinander auf dem Pappstreifen fest. Zum Schluss den Pappstreifen zu einem Reifen schließen und die beiden Enden übereinander fest tackern. Fertig ist die Blätterkrone. Wer möchte sie aufsetzen?

Drachenspaß

Alter/Entwicklungsstand: ab 2,5 Jahre
Mitspieler: 1-4 Kinder
Material: DIN-A4-Bögen, Bunt- oder Wachsmalstifte, evtl. Kleister und bunte Papierschnipsel, Geschenkbänder, Locher, Klebestift oder Tesafilm
Ort/Raum: Gruppenraum
Spielanleitung: Falten Sie aus einem DIN-A4-Bogen einen Drachen. Knicken Sie das Blatt einmal zur Hälfte, indem Sie die langen Seiten übereinander legen und dann wieder öffnen. Falten Sie dann alle vier Ecken jeweils bis zur Mittellinie. Falten Sie die unteren beiden Ecken noch einmal bis zur Mittellinie. Große Kindergartenkinder können bei der Faltarbeit helfen!
Geben Sie nun den Kleinen die Grundform des Drachens zur freien Gestaltung. Der Drachen kann mit Buntstiften oder Wachsmalstiften bunt bekritzelt werden.
Variation: Die Kinder streichen den Drachen dünn mit Kleister ein. Dann heißt es: Hände waschen! In einem weiteren Arbeitsgang können die Kinder bunte Papierschnipsel auf den Kleister streuen und trocknen lassen.
Dann lochen Sie das Papier vor jeder Ecke – in etwa 1 cm Abstand vom Rand. Die Kinder fädeln nun bunte Geschenkbänder ringsum durch die Löcher. Am unteren, spitzen Ende sollten die Bänder möglichst lang sein, da sie den Schwanz des Drachens bilden.

Erfahrungsspiele zu jeder Jahreszeit

Groß und Klein zusammen: Ältere Kinder helfen dabei, die Bänder zu fixieren (mit Hilfe von Tesafilm oder Klebestift). Das ist gar nicht so einfach. Wer von den Großen kann schon einen Knoten binden? Dann können die Bänder auch ringsum festgeknotet werden.
Tipp: Binden Sie den Drachen an einen Stock. Beim Rennen mit dem Stock flattert der Drachen lustig im Wind.

Sonne, Mond und Sterne: Laternen und Lichter

Laternen sind schon für Kleinkinder ein faszinierendes Schauspiel, ganz gleich, ob sie auf dem Frühstückstisch stehen, zum Laternenumzug selbst getragen oder an den Kinderwagen/Bollerwagen gebunden werden.

Laterne aus Goldfolie

Alter/Entwicklungsstand: ab 3 Jahre
Mitspieler: 1-4 Kinder
Material: Streifen aus Goldfolie (ca. 20 cm breit, Länge so zuschneiden, dass die Folie rings um eine Käseschachtel passt), runde Käseschachteln, Schere, Klebstoff, spitzer Bleistift oder Schaschlikspieß, Handtücher, Teelichter
Spielanleitung: Legen Sie die Goldfolie auf einen weichen Untergrund (z. B. mehrfach gefaltetes Badetuch). Geben Sie den Kindern einen spitzen, aber weitgehend ungefährlichen Gegenstand in die Hand (z. B. einen spitzen Bleistift), mit dem sie viele kleine Löcher nebeneinander in die Folie pieksen können. Den Kindern macht es meist großen Spaß, auf diese Weise die ganze Folie zu „löchern".
Hinweise: Das Lochen ist etwas zeitaufwändig und verlangt Geduld und Geschick. Wenn ein Kind die Lust verliert, kann ein anderes Kind die Arbeit fortsetzen. Es können auch zwei Kinder – z. B. ein jüngeres und ein älteres – an einem längeren Stück Folie stanzen.
Wenn die ganze Folie durchlöchert ist, kleben Sie sie um eine Käseschachtel herum. Nun noch ein Teelicht in die Mitte stellen. In dunklen Räumen ergeben diese Laternen zauberhafte Licht- und Schattenspiele.

Windlicht aus Glas

Alter/Entwicklungsstand: ab 2,5 Jahre
Mitspieler: 1-4 Kinder
Material: leere Marmeladengläser, Kleister, Transparentpapier
Spielanleitung: Die Kinder streichen das Marmeladenglas abschnittweise mit Kleister an. Dann werden große Schnipsel Transparentpapier darauf geklebt. Die Laterne muss ein paar Tage trocknen. Mit einem Teelicht wird sie zum einem stimmungsvollen Schmuck auf dem Frühstückstisch.

Papiertütenlaterne

Alter/Entwicklungsstand: ab 1,5 Jahre
Mitspieler: 1-4 Kinder
Material: Papiertüten mit zwei Griffen, Bunt- oder Wachsmalstifte, Schere, Laternenstock mit elektrischem Licht (Bastelgeschäft, Kiga-Bedarf)
Ort/Raum: Gruppenraum
Spielanleitung: Geben Sie jedem Kind eine Papiertüte und Bunt- bzw. Wachsmalstifte. Lassen Sie die Kinder nach Herzenslust auf den Tüten herumkritzeln. Hängen Sie die Papiertütenlaterne an einen Laternenstock mit elektrischem Licht.
Groß und klein zusammen: Zeichnen Sie zusammen mit den großen Kindern ein Gesicht auf die Laterne, das Sie mit einer spitzen Schere ausschneiden.

Tipp: So werden aus bunten Bildern Laternen

Lassen Sie die Kinder in der „Nass-in-Nass"-Technik ein Bild malen (vgl. Kapitel „Das kleine Rot, das kleine Gelb: Farb- und Malspiele" unter „Zauberkasten: Überraschungen aus dem Farbtopf"). Streichen Sie das Bild nach dem Trocknen dünn mit Speiseöl ein. Lassen Sie das Öl einziehen, und entfernen Sie überschüssiges Fett mit Haushaltsrolle. Schon ist ein Transparent entstanden, das Sie um eine Käseschachtel kleben und als Laterne verwenden können.
Übrigens: Transparente Bilder und Laternen kann man noch zusätzlich mit Papierschnipseln, Herbstblättern, fertig gestanzten Formen u. ä. bekleben.

Konfetti-Laterne

Alter/Entwicklungsstand: ab 2,5 Jahre
Mitspieler: 1-4 Kinder
Material: mehrere runde Käseschachteln, stabiles Pergamentpapier/Architektenpapier (Breite ca. 20 cm, Länge: etwas mehr als Umfang der Käseschachtel), Tapetenkleister, buntes Papier, Locher, Teelichter
Ort/Raum: Gruppenraum
Spielanleitung: Die Kinder streichen ein großes Stück Pergamentpapier dünn mit Kleister ein. Dabei können Sie oder ein älteres Kind helfen. Wenn die Hände anschließend gewaschen und abgetrocknet sind, dürfen die Kinder fertiges Konfetti nehmen und es auf dem Blatt verteilen. Das Konfetti bleibt auf dem Kleister haften und trocknet mit dem Kleister an. Zum Schluss kleben Sie das Papier rings um eine runde Käseschachtel und stellen ein brennendes Teelicht in die Mitte auf den Tisch.
Tipp: Den oberen Rand der Laterne können Sie mit einem Pappstreifen oder mit dem Deckel der Käseschachtel (Mittelteil herausnehmen, sodass nur der äußere Ring übrig bleibt) verstärken. Mit einem Blumendraht, der rechts und links am Pappring befestigt wird, lässt sich die Laterne herumtragen und sogar an einen Stock hängen.
Variation: Wir stellen das Konfetti selbst her, z. B. mit alten Zeitschriften und Buntpapierresten.

Winterspaß für Flockenkinder

Schneetreiben vor der Fensterscheibe kann kleine Kinder zu Bewegungsspielen und kreativen Gestaltungsspielen anregen. Dabei sollte immer wieder berücksichtigt werden, dass die Allerkleinsten zunächst das Material ausprobieren und mit dem ganzen Körper erfahren möchten.

Schneelandschaften

Alter/Entwicklungsstand: ab 2,5 Jahre
Mitspieler: 1-4 Kinder
Material: große Bögen schwarzer Karton, weiße Farbe (Finger- oder Temperafarbe), kleine „Maler-Rollen" (Baumarkt), zudem nach Wahl weißes Transparentpapier, weiße Papierschnipsel, Styroporschnee u. ä.

Ort/Raum: Gruppenraum
Spielanleitung: Geben Sie jedem Kind eine Maler-Rolle mit einigen Spritzern weißer Fingerfarbe darauf. Lassen Sie die Kinder mit der Rolle quer über den schwarzen Karton hin- und herrollen. Wenn die Farbe weniger wird, entstehen besonders interessante Farbspuren. Wenn die Farbe getrocknet ist, können die Kinder auf einzelne Stellen des Bildes Kleister geben und weiße Papierfetzen, Stückchen von Silberfolie oder feinen Styroporschnee aufstreuen.

Kuchen aus Schnee und Eis

Alter/Entwicklungsstand: ab 1 Jahr
Mitspieler: Kleingruppe
Material: mehrere kleine Eimer, Plastikbecher, Sandschippen, Sandförmchen, Löffel, Schnee
Ort/Raum: Freigelände
Spielanleitung: Die Kinder füllen Eimer und Förmchen mit Schnee. Dazu nehmen sie Sandschippen und Löffel. Dann heißt es: Schnee fest klopfen und Förmchen umstülpen. Dabei können ältere Kinder helfen. Zeigen Sie den Kindern, dass man die Schneekuchen mit Stöckchen und Tannenzapfen schmücken kann.
Variation: Gießen Sie Wasser in Becher und Förmchen (eventuell etwas Lebensmittelfarbe oder andere Farbe zugeben). Stellen Sie die Förmchen über Nacht in die Kälte. Beobachten Sie mit den Kindern am nächsten Morgen, was geschehen ist. Gießen Sie ein wenig lauwarmes Wasser über die Förmchen und lösen Sie die Figuren auf diese Weise heraus. Lassen Sie die Kinder die Figuren anfassen und damit experimentieren.

Malen im Schnee

Alter/Entwicklungsstand: ab 1,5 Jahre
Mitspieler: Kleingruppe
Material: Plastikflaschen, Temperafarbe oder Lebensmittelfarbe
Ort/Raum: Freigelände
Spielanleitung: Füllen Sie Plastikflaschen mit Wasser, das Sie zuvor mit Lebensmittelfarbe oder Tempera-Wasserfarbe eingefärbt haben. Bohren Sie eine Öffnung in jede Flasche, und zeigen Sie den Kindern, wie das farbige Wasser auf den Schnee tropft und dort Spuren hinterlässt.

Erfahrungsspiele zu jeder Jahreszeit

Wenn die Flocken fliegen

Alter/Entwicklungsstand: ab 1,5 Jahre
Mitspieler: 1-4 Kinder
Material: weißes Seidenpapier (z. B. aus Schuhkartons – Schuhgeschäft), weißes Transparentpapier, weiße Servietten und andere Papierreste, evtl. Kleister
Spielanleitung: Füllen Sie einen Pappkarton mit zerknülltem Papier. Lassen Sie die Kinder das Papier ausleeren und wieder einfüllen. Probieren Sie mit ihnen gemeinsam, wie leichte Papiere fliegen können.
Variation: Kinder ab 2 bzw. 2,5 Jahren können Flockenbilder erstellen. Dazu geben die Kinder mit der Hand Kleisterkleckse auf schwarzes Papier und drücken anschließend kleine Wattekugeln hinein. Auch Fetzen von Papiertaschentüchern, von Seiden- oder Transparentpapier sind geeignet.
Tipp: Kleistern Sie ein Stück Fensterscheibe ein. Die Kinder drücken Wattepads, Wattekugeln oder Papierschnipsel als Schneeflocken hinein.
Übrigens: Zuckerwasser auf der kalten Scheibe erzeugt eisähnliche Glitzereffekte!
Groß und klein zusammen: Für ältere Kinder malen Sie mit Kleister einen Schneemann auf die Scheibe, indem Sie einen dicken Bauch und einen Kopf darauf andeuten. Die Kinder füllen den Schneemann mit Watte, weißem Seidenpapier oder ähnlichen Papieren aus.

Werkeln für den Weihnachtsmann

Die spannende Zeit der Vorfreude auf Weihnachten wirkt inspirierend. Da wird gewerkelt und gebacken, da duftet es nach Backwerk und Gewürzen. Laternen und Lichter verbreiten ihren Glanz und Zauber.

Selbst bekritzelte Weihnachtssterne

Alter/Entwicklungsstand: ab 1,5 Jahre (Kinder sollten schon Erfahrungen mit Kritzeln haben)
Mitspieler: 1-4 Kinder
Material: dicke Pappe (für die Schablone), dünner, weißer Karton für die „Kritzel-Sterne", Buntstifte/ Wachsmalstifte oder Fingerfarbe, Bleistift, Kinderscheren, dünner Bindfaden, abwaschbare Decke

Ort/Raum: Gruppenraum
Spielanleitung: Geben Sie jedem Kind einen Pappstern (Herstellung siehe unten) Die Kinder dürfen ihren Stern mit Buntstiften oder Wachsmalstiften bekritzeln oder mit Fingerfarbe anmalen. Dabei darf ruhig über den Rand hinaus gemalt werden (abwaschbare Decke unterlegen).
Bohren Sie in jeden Stern mit einer spitzen Schere ein Loch und fädeln Sie ein Band hindurch.
- Wir hängen unsere Sterne an Tannenzweige oder unter die Decke in den Krippenbereich.
- Wir können auch auf jeden Stern ein Teelicht stellen und den Frühstückstisch damit schmücken.

Groß und Klein zusammen: Bevor die Kleinen kritzeln, müssen zuvor die Sternformen ausgeschnitten werden. Stellen Sie dazu eine Schablone aus dicker Pappe her (zwei gleichseitige Dreiecke ausschneiden und so übereinander kleben, dass eine Spitze nach oben, die andere nach unten zeigt). Ein großes Kindergartenkind legt die Sternschablone auf weißen Karton und zeichnet außen herum, während Sie die Schablone festhalten. Auf diese Weise können mehrere Sterne für die Kleinen vorbereitet werden. Wer kann schon ausschneiden?

Hinweis: So helfen Sie den älteren Kindern beim Ausschneiden: Ziehen Sie mit einem Cutter die Schnittlinien des Sterns grob vor. Halten Sie den Stern, während das Kind schneidet. Es muss übrigens nicht exakt auf der Linie geschnitten werden.
Alternativ können Sie auch den Stern großzügig ausschneiden (weit von der vorgezeichneten Linie entfernt). So ist er besser in der Hand zu halten. Das Kind könnte dann mehr oder weniger exakt nachschneiden – wobei es nicht genau auf der Linie schneiden muss.

Sterne aus Bienenwachs

Alter/Entwicklungsstand: ab 2,5 Jahre
Mitspieler: 1-4 Kinder
Material: dünne Bienenwachsplatten (Bastelgeschäft, Bioladen, Kiga-Bedarf), weihnachtliche Ausstechförmchen, Nagel, dünner Bindfaden
Ort/Raum: Gruppenraum
Spielanleitung: Die Kinder drücken Sterne und andere Motive in die Bienenwachs-Platten und stechen auf diese Weise weihnachtliche Anhänger aus.

Groß und Klein zusammen: Ältere Kinder lochen jeden Anhänger mit einem Nagel und fädeln ein Band durch die Öffnung. Diese Wachsfiguren sind ein angenehm duftender Schmuck für Tannenzweige.
Variation: Stechen Sie mit Ausstechförmchen große Sterne aus Salzteig (Rezept siehe Kapitel „Backe, backe Kuchen: Matschen und formen" unter „Spielen mit Knete und (Back-)Teig") oder fertig gekaufter Modelliermasse aus (selbsttrocknend und aushärtend). Bohren Sie vor dem Trocknen mit einem spitzen Gegenstand ein Loch in jeden Stern. Lassen Sie die Sterne nach dem Trocknen mit Fingerfarbe anmalen. Fädeln Sie später einen dünnen Faden durch jeden fertigen Stern und hängen Sie ihn an einen Tannenzweig.

Weihnachtsbaum und Weihnachtsmann

Alter/Entwicklungsstand: ab 2 Jahre
Mitspieler: 1-4 Kinder
Material: für den Baum: 1 großer Bogen grünes Tonpapier oder Plakatkarton, Rest von braunem Tonpapier; für den Weihnachtsmann: 1 großer Bogen rotes Tonpapier oder Plakatkarton, Rest von weißem Papier, dazu Schere, Klebeband, Klebstoff, Reste (Goldpapier, Filz, selbstklebende Weihnachtssterne, Geschenkpapierreste, Watte, …)
Ort/Raum: Gruppenraum
Spielanleitung: Schneiden Sie aus grünem Tonpapier bzw. Plakatkarton ein großes Dreieck aus (Baumkrone). Kleben Sie unten aus braunem Tonpapier ein Rechteck (Stamm) an. So haben Sie die Großform eines Tannenbaumes, den Sie an eine Wand im Krippenbereich heften können. Wir schmücken den „Krippen-Baum", indem wir weihnachtliche Deko und Reste mit Klebstoff aufkleben, z. B. Schnipsel von Goldpapier, Filz, selbstklebende Weihnachtssterne, Reste von weihnachtlichem Geschenkpapier, Watte u. ä.
Variation: Schneiden Sie aus rotem Tonpapier bzw. Plakatkarton ein großes Dreieck aus und heften Sie es mit Klebeband an eine Wand im Krippenbereich. Schneiden Sie einen weißen Kreis aus und kleben Sie ihn – oberhalb der Mitte – auf das rote Dreieck. So entsteht die schematische Darstellung eines Weihnachtsmannes mit rotem Mantel/Mütze und weißem Gesicht (zur Orientierung eventuell dicke Punkte als Augen aufmalen). Die Kinder können die Figur mit Watte, Papierschnipseln, Fingerfarbe, Stiften bekritzeln/bekleben.

3. Auflage 2009

Gedruckt auf umweltfreundlichem, chlorfrei gebleichtem Papier

Layoutentwurf und Produktion: art und weise, Freiburg
Umschlaggestaltung: R·M·E Roland Eschlbeck/Rosemarie Kreuzer
Umschlagfoto: Bärbel Effe, Wolfsburg
Illustrationen: Anja Wrede, Bad Nenndorf

Alle Rechte vorbehalten – Printed in Germany
© Verlag Herder Freiburg im Breisgau 2007
www.herder.de
Gesamtherstellung: fgb • freiburger graphische betriebe 2009
www.fgb.de

ISBN 978-3-451-32056-9